Collection « Pratiques du champ social »
dirigée par Richard Vercauteren et Philippe Pitaud

L'évolution et les transformations du champ social et
médico-social au cours des dernières décennies ont introduit un ensemble diversifié de paramètres et de données
nouvelles, parfois contradictoires, qui ont modifié le cadre
général d'intervention ainsi que le jeu des acteurs en
présence.
Le processus de décentralisation et ses conséquences
n'ont fait qu'accentuer la nécessité pour les intervenants
sociaux et médico-sociaux, mais également pour les décideurs et les techniciens qui les entourent, de se doter
d'outils permettant de comprendre les mécanismes du
champ social et médico-social ; ceci, afin de rendre leurs
pratiques et leurs décisions plus efficaces. Cette nouvelle
collection vise à fournir des éléments de connaissance et
d'interprétation de la réalité sociale et médico-sociale,
tout en explorant les champs du possible, à travers des
ouvrages courts, synthétiques, réalisés par des praticiens-
chercheurs soucieux avant toute chose de renvoyer vers la
société civile les effets induits de leur engagement et de
leur réflexion.

La désorientation sociale des personnes âgées

Du même auteur :

Soigner les personnes âgées à l'hôpital, Ed. Privat, 1991.

Le corps du malade âgé, Ed. Privat, 1994.

Michel Personne

La désorientation sociale
des personnes âgées

Comment leur entourage peut la prévenir

Pratiques du champ social

érès

Déjà parus dans la même collection :

Pitaud P., Vercauteren R.
Acteurs et enjeux de la gérontologie sociale

Vercauteren R., Vercauteren M.C., Chapeleau J.
Construire le projet de vie en maison de retraite

Chantal Picod,
Sexualité : leur en parler, c'est prévenir

Sous la direction de Pitaud P., Vercauteren R.
Vieillir dans les villes de l'Europe du sud
Comparaisons et échanges internationaux

Vercauteren R., Chapeleau J.
Evaluer la qualité de la vie en maison de retraite

Vercauteren R., Vercauteren M.C., Barranger A.
Animer une maison de retraite

Jarousse N.
Sexualité et vieillissement

Sous la direction de Pitaud P. et Vercauteren R.
L'intergénération en Europe

Annick Chemin, Lydia Drouet, Jean-Jacques Geoffroy,
Marie-Thérèse Jezequel, Annie Joly
Violences sexuelles en famille

À paraître :

Nathalie Suty, Christine Mangin
Les soins palliatifs en gérontologie
Manuel de formation

ISBN : 2-86586-400-6
© 1996, Editions Érès
11 rue des Alouettes, 31520 Ramonville Saint-Agne

Introduction

La désorientation sociale existe à partir du moment où les relations avec autrui ne sont pas à l'origine d'une satisfaction personnelle mais conduisent, au contraire, à des formes diversifiées de perte d'identité. Cette désorientation sociale est créée par *une mise en ordre anormale du réel*, dénaturant les relations entre l'entourage et les personnes handicapées ou âgées. Elle est source de souffrance parce que l'ordre du vivant est remplacé par un ordre artificiel, visible à travers les « plans d'organisation ». Les attitudes de pure gestion ou de technique favorisent cet ordre où tout est calcul.

Le travail en série que l'on peut percevoir dans les applications du système taylorien nous mènera d'une souffrance physique à la désorientation sociale, par la prise de conscience de ce qui est fait sur le sujet handicapé, par sa transformation en objet, en « corps-matière ». Si à ce niveau la toilette est un exemple classique, les situations d'évaluation mériteront également d'être évaluées !

Des systèmes de défense diversifiés se mettent en place chez les soignants pour lutter contre les effets du système. Nous attirerons l'attention sur l'un d'eux, peu connu : la mise en place de hiérarchies horizontales dans lesquelles les « blocs soignants » se protègent de la relation d'égalité avec le sujet handicapé.

La discordance entre les capacités du soignant et les exigences de la tâche est source de stress. Une analyse fouillée de la routine montrera comment l'ordre vivant est bafoué et remplacé par des situations de folie. Elles sont une source exemplaire de désorientation sociale. Face à l'incompréhensible, cette désorientation s'accentue du sentiment d'impuissance et de la perte des significations des actions des soignants. La perte d'initiative qui en résulte modifie la personnalité du soignant ; il perd, soumis à cette violence à son égard, la conscience des priorités humaines pour ne plus devenir « qu'un corps-outil ». La haine devant le corps du sujet fragile, vu comme une simple addition d'organes, devient possible. Elle est source de révoltes et autres violences.

La désorientation sociale touche aussi les sujets fragiles lorsque les symptômes présentés ne sont pas supportés par l'entourage. Le sujet est alors traité de « dément ». Cette logique linéaire, associant le symptôme à un trouble toujours défini, méconnaît la part de responsabilité de l'entourage dans l'apparition des conduites inadaptées.

Ne pas enfermer le sujet handicapé dans une mauvaise catégorie nécessite une mise en ordre d'une autre nature. Elle doit être plus attentive à la subjectivité de l'entourage. Un exemple nous permettra de percevoir comment la permissivité de l'entourage est fonction de critères d'ordre purement personnels.

Il existe d'autres *mises en ordre favorisant la survie plus que la vie*. Elles sont à l'origine d'une négation du corps pensant. On considère alors le sujet comme un automate, qui doit une obéissance absolue. La rupture entre la décision et l'action, notée dans le premier chapitre comme causée par le système taylorien, devient ici appliquée au sujet lui-même. Elle témoigne d'une défiance envers la relation sensible dans laquelle le corps est le premier moment de l'existence. On assiste, au contraire, à un rangement du sujet handicapé dans un coin.

La négation de la conscience est une autre forme de mise en ordre. Elle rend le sujet handicapé pareil à une bête. Un exemple permettra de voir, qu'en fait, l'absence de conscience serait plutôt dans l'entourage, lorsqu'il ne permet pas au sujet de s'acclimater dans le temps et l'espace institutionnel car ce dernier ne constitue un foyer que si l'ordre personnel peut s'y instaurer.

La confusion entre l'homéostasie interne et la vie de relation conduit à un excès de sécurité. Elle est favorisée par une autre confusion, celle qui est entretenue entre le physiologique et le psychologique. Une critique de la pyramide de Maslow permettra de voir que la notion de besoin ne permet pas de répondre aux exigences relationnelles de l'être humain. Seule la notion de valeur, dans laquelle les moyens utilisés définissent les fins, permet de ne pas poser des objectifs abstraits qui ne sont que des mots face à ce qui est ressenti comme inutile et comme perte de responsabilité. L'intérêt vis-à-vis des moyens mis en œuvre sera analysé à partir du temps, vu comme un moyen pour sortir de l'homéostasie relationnelle et modifier la perception qu'on peut avoir du passé.

« Le silence du corps » résulte d'une autre confusion. Celle qui est faite avec « le silence des organes ». Cette confusion, renforcée par l'oubli de certaines sensibilités, fait du corps une simple enveloppe dans laquelle le mouvement paraît superflu. On devient vite grabataire, soumis à cette forme de silence ! La lisibilité des conduites réclame, au contraire, une attitude respectueuse où la différence de l'autre puisse être reconnue.

Cette différence est un élément de l'identité personnelle qui, pour certains de ses aspects, se construit dans la contradiction. Pour d'autres aspects, la rencontre avec autrui est le moment où la solidarité et l'amour peuvent s'exprimer. La notion de *continuité identitaire* malgré le handicap nous semble une notion première dans l'ordre du soin. Elle ne peut se comprendre sans référence à l'identité collective produite par le milieu dans lequel baigne le sujet. Ce milieu est également important s'il constitue un espace de pouvoir où le sujet fragile peut influer sur autrui. L'unité construite à partir du corps est alors réalisable s'il apparaît possible de reconstituer l'unité du perçu et de l'agi, de la parole et de l'acte.

Le décalage entre la théorie et l'expérience se construit sur l'injection d'hypothèses gratuites, non confirmées par l'observation. L'a priori peut alors constituer un ordre inhumain, qui ne pourra être combattu que par une remise en cause des formes d'ordre, identifiant vieillesse et maladie, handicap et incapacité. Cette « évidence » doit au contraire céder devant une attitude d'étonnement, celle qui fait sortir l'homme de la négligence et de la paresse.

L'a priori ne concerne pas les formes logiques du raisonnement, mais les prémisses qui en constituent les propositions initiales. Savoir si l'ordre rendu prioritaire est celui de l'institution ou celui du sujet handicapé devient alors facile à découvrir. Il suffit de voir si le comportement du résidant, lorsqu'il n'est pas compris, est taxé d'irrationnel. On ne perçoit pas, alors, qu'il peut être le seul moyen d'adaptation trouvé spontanément. Ce comportement montre l'existence d'une certaine forme de raison, celle qui se développe face à des situations incompréhensibles. La notion de « rationalité subjective » sera explicitée en ce sens. Elle favorise l'écoute de points de vue opposés. Une illustration, où la discontinuité du temps dans le contact médecin-résidant s'oppose à la continuité de relation de l'équipe, le montrera. Cette forme d'écoute permettra de conjuguer le point de vue affectif avec une intersubjectivité opérationnelle. Sous l'angle cognitif, la mise au silence du résidant par le système taylorien ne devra pas être sous-estimée dans l'établissement du diagnostic. De la même manière, ses cris devront être entendus comme la solution ultime pour briser le mur du silence.

Gestionnaires et « hommes du terrain » ne communiquent pas toujours aisément car *la construction intelligible du réel* dépend de la manière dont chacun se situe dans le monde. Si l'on vise à restaurer l'unité du sujet handicapé afin que le monde lui apparaisse à nouveau comme intelligible, les priorités qui sont mises en œuvre, actuellement, seront à distinguer des priorités à mettre en œuvre. En ce sens éducatif, les formes d'apprentissage doivent favoriser une maîtrise du milieu dans lequel le nombre des actions commandées par l'entourage diminue devant celui qui est commandé par le sujet.

Ne pas enterrer nos concitoyens trop vite doit favoriser un ordre où l'accompagnement à la vie précède l'accompagnement à la mort. L'ordre de l'éducatif au thérapeutique est aussi nécessaire. Il résulte d'une présence compréhensive et non pas seulement aimable.

La perte d'utilisation des pouvoirs humains est à l'origine de conduites névrotiques, surtout lorsque, à la perte du « je peux », s'adjoint une dépossession de « ce que j'ai ». Le levier que constitue l'argent pour se faire obéir sera analysé dans l'opposition activité/passivité, en cherchant à comprendre comment le sujet s'insère dans ce monde étranger, l'institution, dont les règles sont complexes. La notion de responsabilité découlera alors de la dotation de sens produite par les actions du sujet.

Le sujet handicapé, nous apprenant sur nous-mêmes autant que nous pouvons lui apprendre, améliore la réciprocité des connaissances. Ces dernières ne sont pas qu'intellectuelles. Partir de la spontanéité, via le corps, permet au contraire au sujet d'exister en tant que subjectivité. Cet intérêt à la spontanéité permet aussi de comprendre non seulement comment l'inhibition perceptive empêche de devenir cause de ses actes, mais aussi comment le seul intérêt au résultat masque les processus internes de l'acte personnel. S'intéresser aux processus internes constitue un socle de la démarche éthique dans laquelle le contact physique doit dépasser les phases archaïques, menant à un contrôle d'autrui pour faire que le mouvement ne soit pas neutre, mais qu'il devienne « un mouvement avec ».

La préservation de la continuité entre l'homme naturel et l'homme social demande à ce que le sujet ne soit pas placé à l'extérieur des structures de décision. Le transfert des modalités de contrôle vers l'intériorité du sujet permettra de remettre en cause un ordre abstrait caractérisé par des modèles préétablis où la tentation sera grande de corriger les déviances par des moyens coercitifs.

« Se mettre à la place de l'autre » avec son cortège d'imprécisions d'origine affective doit être distingué de la « place d'autrui comme point de vue pour juger ». De cette place, ses désirs propres pourront être distingués de ceux d'autrui. L'éthique de responsabilité, distinguée de l'éthique de conviction, favorisera un autre regard sur le handicapé permettant de limiter le découplage de la conscience avec la réalité sensible. L'éthique de la responsabilité concerne l'obligation où je me trouve de répondre d'autrui, même si aucune loi ne m'y oblige. Un exemple au niveau du rythme illustrera cette occasion de s'affirmer réciproquement.

Si respecter c'est prendre en considération une différence, celle de l'autre, encore faut-il qu'une *mise en ordre préalable* apparaisse, dans laquelle la science et la sensibilité réconcilient l'être avec lui-même. L'affinement de la rationalité subjective se constituera en notant comment la biologie moderne et la philosophie s'appuient sur des valeurs communes. la place d'un « méta-moi », antérieur au langage verbal attirera, au confluent des sciences et de la sensibilité, l'attention sur l'importance du corps dans la vie de relation.

Celle-ci est-elle émancipatrice lorsque l'environnement est trop rigide ? On peut craindre que la loi du plus fort ne soit appliquée. Différentes formes de tolérance seront présentées afin de sortir les sujets handicapés de ces systèmes rigides, sinon mécaniques, de causalité tendant « au catastrophisme » ou à la conviction que « dans leur état on ne peut plus rien faire ».

I

Les désorientations sociales

Chapitre 1

La désorientation sociale
de l'entourage

Etre désorienté socialement, c'est ne plus pouvoir mettre de l'ordre dans les relations avec autrui ni dans la manipulation des objets, ni dans l'activité temporelle, que cette dernière soit de repérage, d'anticipation ou de projet. Cette désorientation temporelle est manifeste dès qu'on prête attention aux détails de la vie professionnelle. Elle est liée à l'imbrication de nombreuses causes que nous chercherons à élucider afin de percevoir ce qui est prévisible dans ses conséquences sur le lien social, les formes de relations et l'identité personnelle.

Lutter contre cette désorientation demande à en comprendre les causes afin que les mises en ordre ne correspondent pas à un processus artificiel dans lequel les personnes seraient négligées. La démarche doit, au contraire, partir de la réalité vécue à l'origine de cette désorientation.

La souffrance manifestée par les soignants dans les relations établies avec les sujets fragiles en sera un des éléments. Elle ne sera pas abordée initialement en examinant les relations de face à face, mais le système dans lequel ces relations se constituent et mènent parfois à la violence. Celle-ci montre que les dysfonctionnements énoncés ne sont pas illusoires. Ils caractérisent tellement la trame des relations quotidiennes que de nombreux auteurs en parlent. Nous en citerons quelques-uns pour situer l'ampleur du problème.

Les origines de la souffrance des soignants

P.Y. Poindron[1] relève les attitudes gestionnaires dans lesquelles on calcule « la valeur d'une vie ». M. Beaulieu[2] souligne la rigidité de fonctionnement de services, rigidité telle que les cadres ne voudraient pas en supporter les conditions de vie. R. Hugonot[3] note la « gamme des sévices » allant de menaces verbales, aux coups, à l'abandon dans les déjections, au ligotage sur un lit, aux meurtres... L'intention n'est pas nécessaire pour que certaines formes de violence se manifestent. P. Vivet[4] distingue « La violence en bosse » — la violence physique et psychologique — de la « violence en creux » caractérisée par la négligence. D'une manière générale, tout ce qui semble fait « en série » caractérise un intérêt limité pour autrui. Parfois même, la violence est présentée comme : « Tout ce qu'on fait, c'est pour leur bien ».

S'intéresser aux causes de ces violences amène à se demander si la violence est une composante inévitable dans les relations humaines ou bien si elle va être accentuée par la logique de certains systèmes ? Il est difficile de répondre globalement à cette question : ce qui est originaire dans les conduites violentes et ce qui est induit par les situations sociales est souvent indiscernable au premier abord. Une démarche de pure psychologie s'intéresserait à la composante individuelle. La psychosociologie ne néglige pas le poids des systèmes.

Le système dans lequel doit travailler une majorité des soignants et des éducateurs est inspiré du système taylorien dans lequel le travail en série, le travail à la chaîne, est de règle. Une autre question est alors nécessaire : la souffrance chez le soignant est-elle liée à l'existence de l'institution, en tant que telle, ou bien est-ce plutôt certaines de ses modalités de fonctionnement qui causent ces dysfonctionnements ?

---

1. P.Y. Poindron, « Peut-on hiérarchiser les maladies, les malades, les soins ? », *Espace social européen*, 17/11, 1989.
2. M. Beaulieu, « Les abus en institution : réflexion sur les soins apportés aux aînés », *Revue internationale d'action communautaire*, n° 28, 1992.
3. R. Hugonot, *Vieillesse, agressivité et violence*, rapport scientifique, Lausanne, 1988.
4. P. Vivet, cité par J.P. Martin, dans *La violence en long séjour obstacle au projet de vie*, sous la direction de J.P. Martin, collectif soins, n° 9, janvier 1993.

Les hypothèses de T. Parsons et de R. Merton[5] nous invitent à apprécier les institutions comme positives car elles permettent une « tension vers la cohérence ». Les tensions qu'on peut y constater, les contradictions mêmes seraient à la source de processus de rééquilibrage. Ils joueraient dans le sens d'une évolution adaptative.

Habermas[6] nuance cette vision optimiste. Pour lui, le principal instrument de domination est constitué par l'appareil technico-administratif fondé sur une rationalité instrumentale. C'est cette forme d'action que nous critiquerons dans les processus de gestion déshumanisée où il existe une prédominance technique sur la vie de relation. Elle se traduit dans les faits par un mode d'organisation inspiré des pratiques tayloriennes où le morcellement des tâches se traduit par une banalisation du sujet âgé en objet de soins. La souffrance résultante crée, en retour, une souffrance chez le soignant.

Raisonner uniquement en termes de gestion conduit logiquement à de telles organisations. Aussi, n'est-ce pas par le seul affinement de la gestion que ces modèles peuvent évoluer. La remise en question des modes d'organisation ne peut se faire sans celle des valeurs qui les sous-tendent, par opposition à des systèmes de valeurs où la composante humaine prédomine. Les notions de bien-être, de personnalisation, d'écoute, de tolérance, de solidarité doivent ainsi accompagner les possibilités de vivre en commun.

| Appareil technico-administratif | (cause du) ———> | travail en série | (a pour conséquence) ------------> | Violences |

Le taylorisme

Le système taylorien, qui, à l'origine, visait une organisation scientifique du travail, n'apparaît plus performant dans le cadre industriel. En institution, dans les rapports humains, son application est catastrophique.

Les restrictions que ce système impose concernent d'abord les libertés primordiales. Ce sont les négations des possibilités des sujets âgés ou handicapés qui nous interpelleront, en parti-

5. T. Parsons et R. Merton cités par Neil J. Smelser, « Les théories sociologiques », *Revue internationale des sciences sociales*, Unesco, Erès, n° 139, 1994.
6. J. Habermas, *De l'éthique à la discussion*, Cerf, 1992.

culier, lorsque ces négations touchent les formes les plus élémentaires d'action. Elles se rapportent alors visiblement au corps, mais aussi d'une manière plus subtile, à l'unité de la personne.

L'exclusion du corps, en tant que véhicule de la liberté, nous amènera donc à chercher quelles sont les formes multiples sous lesquelles l'être est disséqué. Ainsi, ce n'est pas seulement à la liberté en tant qu'idée à laquelle nous nous attacherons, mais aussi, plus concrètement, aux formes qui la limitent.

Le sujet est transformé en « matière à... ». L'entourage parlera de « polir » à propos de ce corps qui est devenu corps-matière et qu'il faut « astiquer régulièrement ». Le corps actif de ceux qui œuvrent devient un corps-outil dont la logique de fonctionnement est d'aller le plus vite possible, afin de satisfaire aux exigences techniques de la situation.

Les éléments empêchant une prise de conscience des méfaits du système taylorien, sont au nombre de trois :
1. l'attention est essentiellement centrée sur la tâche à accomplir ;
2. l'organisation « morcelée » du travail est jugée suffisante ;
3. le travail des dirigeants est essentiellement un travail de contrôle.

1. L'attention centrée essentiellement sur la tâche à accomplir mène à des conduites inhumaines à travers les fonctions premières de l'institution : assurer le gîte et le couvert, comme le note P. Martin[7].

Dans de nombreuses institutions, on pourrait ajouter d'autres causes de perte d'humanité : celles où les visées quasi obsessionnelles occultent la vie, au nom d'un ordre bâti sur de fausses valeurs. Cet ordre, en fait, est structuré à partir d'une absence de perception des organisateurs. Cette absence de perception n'est pas à confondre avec les angoisses du personnel qui appliquent ces rituels journaliers : l'entourage proche et très proche. Elle se rapporte à l'absence d'attention à l'être humain autrement que comme « client ». Les valeurs, autres que fiduciaires, sont alors niées.

2. Le découpage des tâches, selon la division classique du travail appliquée aux objets (appelée généralement travail à la chaîne), s'adresse au corps-matière sur lequel s'appliquent les

---

7. P. Martin, « Prévenir la pathologie institutionnelle », dans : *Pathologies des institutions,* sous la dir. de Thierry Goguel d'Allondans et Alfred Adam, Erès, 1990.

techniques permettant la survie de l'individu. Généralement, ce sont les personnes les moins qualifiées qui vont exercer ces actions en faisant « comme on leur a dit de faire ». L'aliénation de cette catégorie de personnel dans ces fonctions humiliantes, par leur corps transformé en outil de gestion, est visible par la gêne qu'elles expriment en parlant des sujets âgés : « On ne voudrait pas être à leur place ».

Cette logique du système, que Friedmann[8] qualifie « de grande dichotomie », entraîne la séparation entre la conception et l'exécution des tâches. Elle est un principe essentiel du taylorisme et crée selon A. Touraine[9] une forte dépendance aux règles organisationnelles comme à la hiérarchie. En retour, selon N. Alter[10], elle est à l'origine d'une certaine indépendance dans les rapports avec les collègues. Il sera possible d'en noter certaines conséquences dans l'adjonction aux hiérarchies verticales, de hiérarchies horizontales.

Les formes d'interactions induites par la logique des systèmes favorisent-elles un face à face émancipateur ou d'autres formes de relation dont les composantes sont moins favorables ? Il paraît « logique » que fait à deux, le travail soit exécuté plus rapidement. Au contraire, un sujet âgé est parfaitement passif lorsque deux soignants s'activent pour faire sa toilette. Avec un seul soignant, il aide spontanément.

Une situation diamétralement opposée nous conduit à percevoir l'effet de « bloc » que l'équipe peut constituer. Ainsi une personne, qui est soumise lorsque deux soignants agissent de concert sur son corps, se montre agressive lorsqu'elle est en face à face avec un seul soignant. Le sujet s'exprime plus facilement lorsqu'il ne se sent pas soumis à la présence du groupe soignant.

La constitution d'une identité collective[11] dans l'entourage de la personne âgée peut être dangereuse lorsque le groupe ne perçoit pas les conséquences de son existence. Ainsi la tyrannie du groupe sur le sujet fragile, l'asservissement de l'individu par le collectif développent alors cet « effet horizontal » dont on ne constate les conséquences de « nivellement » que lorsque la personne âgée se retrouve face à un seul soignant.

---

8. Friedmann, dans : *La sociologie industrielle,* sous la dir. de B. Mottez, PUF, 1982.
9. A. Touraine, *ibid.*
10. N. Alter, *La gestion du désordre en entreprise*, L'Harmattan, 1990.
11. La routine en accentue la forme dominante (cf. p. 30).

3. Cette séparation entre la conception et l'exécution ne permet pas aux dirigeants d'intervenir dans la résolution des problèmes quotidiens mais seulement dans les incertitudes liées aux décisions. Or, c'est pourtant dans l'incertitude de la relation que se décide, au moment de la rencontre avec autrui, la possibilité d'égalité des adultes entre eux ou bien le maintien dans la sujétion. C'est tout le problème de l'écart entre la théorie et la pratique qui est alors posé. Il sera d'autant plus accentué que ce seront des personnes non qualifiées (agent de service hospitalier, personne sous contrat emploi solidarité, CES) qui exécuteront les tâches techniques. Or la gériatrie nous montre un nivellement des hiérarchies dans lequel l'ASH remplit, quotidiennement, le rôle de l'aide-soignant.

On peut considérer un élément supplémentaire qui accentue cette dichotomie. Les décisions, lorsqu'elles sont essentiellement prises à partir de chiffres, peuvent apparaître comme scientifiques. Il ne s'agira cependant que de scientisme tant que le mécanisme concourant à la perte d'identité ne sera pas jugulé, l'individu classé dans une catégorie tendant à être transformé en objet. Ce classement en catégorie aboutit d'abord à la notion « d'homme moyen ». Ce que nous ne sommes ni les uns ni les autres ! « L'homme moyen » est une abstraction qui, sous le regard médical et social, donne deux sous-catégories : la normalité médicale et la normalité sociale. Ne constituent-elles pas, ensuite, un obstacle aux relations d'égalité lorsque l'autre, le sujet handicapé, est vu comme un objet de procédure inclus dans une démarche visant certains résultats ?

Nous pouvons noter avec M. Hirsch[12] que les meilleures intentions d'égalité ne profitent jamais aux faibles dans le cadre de l'égalitarisme procédural. Elles permettent, au contraire, aux dominateurs de légitimer et de renforcer leur domination. Ce phénomène semble, selon le même auteur, particulièrement développé en France, où l'on s'intéresserait plus au droit formel qu'aux droits effectifs. Pour le sujet âgé, le risque de passer du statut d'adulte âgé à celui de personne assistée pourra, dès lors, se mesurer lorsqu'on compare le pouvoir dont le sujet use pour maintenir son organisation personnelle, par exemple chez lui, et le pouvoir que détient l'entourage institutionnel.

L'organisation des services tend, lorsqu'elle obéit à une logique taylorienne, à le transformer en objet. On le constate dans différentes situations quotidiennes, en particulier, lors de situa-

---

12. M. Hirsch, *Les enjeux de la protection sociale*, Montchrestien, 1994.

tions d'évaluation où la recherche de résultats obéit à une logique linéaire. On les dit faites pour le bien du sujet. Elles soulignent, en réalité, les inégalités lorsque une mauvaise appréciation découle de conduites d'assistanat qui ne sont pas perçues par l'entourage.

Personnel soignant ——— phase d'observation ———> Sujet âgé

[1]

Deux phénomènes complémentaires à cette phase d'observation ne sont pas, en fait, pris en compte :
— la contre-réaction du sujet aux formes de relation imposées par l'entourage (notée [2] sur le schéma suivant) ;
— les effets de l'observation et de la contre-réaction sur la psyché et les intentionnalités du soignant (notée [3] sur le schéma suivant).

Personnel soignant <——— contre-réaction ——— Sujet âgé

[3]   [2]

Ces deux dimensions supplémentaires peuvent être régulées affectivement, lorsqu'une concertation réunit les membres de l'équipe et que l'avis du sujet est tant soit peu considéré. Cela est vrai à condition que l'équipe ne forme pas un clan où la logique du système transforme l'outil d'évaluation en instrument d'exclusion[13].

Du point de vue cognitif, le système de causalité linéaire doit être amendé pour passer à une logique où les conséquences peuvent devenir causes à leur tour. Il est, en effet, exceptionnel de pouvoir raisonner selon le schéma :

Cause ——————> Conséquence

La situation la plus fréquente consiste, au contraire, à constater les enchaînements de causes et de conséquences dans lesquels les premières conséquences deviennent à leur tour facteurs de causalité :

---

13. Cf. page 32 où l'exclusion est produite par des appréciations subjectives de l'entourage.

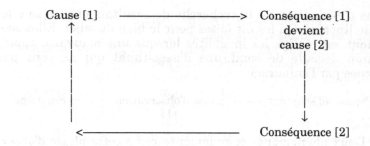

Pour mettre de l'ordre dans cet embrouillamini et élucider des causes premières, il est nécessaire de porter attention au système dans lequel est immergé le professionnel afin d'en noter les sources pathogènes.

Le pouvoir de l'entourage, lorsqu'il se veut responsable de tout, annihile l'expression personnelle du sujet. La relation d'égalité doit ainsi nécessairement dépasser une attitude simplement tolérante à la différence d'autrui, pour manifester un intérêt aux difficultés qu'il exprime afin d'en comprendre les origines.

Ainsi, lors de l'évaluation, la relation d'égalité, d'adulte à adulte, en partant des difficultés[14] observées doit, au lieu d'en faire des obstacles, dépasser la pauvreté relationnelle, la non-utilisation des capacités, la demande de dépendance. Cette relation implique la compréhension des contre-réactions et, par conséquent, de la sensibilité personnelle au problème.

Monsieur X, sourd, est observé comme ayant un comportement agressif. L'entourage n'a pas prêté attention au fait qu'en lui parlant fort pour être entendu, le ton de la voix se modifie et devient péremptoire. La perception du sujet comme foncièrement agressif apparaît dès lors comme une erreur. Son opposition est en fait une contre-réaction à des pratiques qui manquent leur but.

Ces phénomènes s'amplifient lorsqu'on sait que le sujet âgé passe de son domicile à l'institution parce que les autres solutions ont été abandonnées. Le processus menant à la crise, telle que l'a caractérisée Kaplan, accentue les manifestations pathologiques. En effet, le sujet après avoir essayé ses propres solutions et après avoir cherché en vain des solutions nouvelles,

---

14. Cf. page 66, l'analyse de Bateson à ce propos ; mais aussi page 42, l'analyse entre trouble et symptôme où le rapport à l'autre doit rester suffisamment flou pour laisser une marge de liberté et ne pas l'enfermer dans l'étiquetage « démentiel ».

puis avoir été astreint à certains choix et renoncements, développe des conduites pathologiques. Ce processus, déstructurant l'identité, est parfaitement visible lorsqu'il se fait progressivement. Il devrait remettre profondément en cause les formes de relation qui en sont à l'origine. Celles-ci dépendent de conditions d'organisation qui favorisent l'absence de réflexion. « Il est plus facile de ne pas réfléchir » a pour effet, dans un système taylorien, le maintien d'organisations dont on ne se sent pas responsable, mais au contraire tributaire, organisations qui ont des conséquences redoutables sur le maintien de la normalité individuelle, celle qui est chère à tout un chacun ! Cette normalité individuelle, ne risque-t-elle pas de disparaître parce qu'elle réclame, face à la logique des systèmes et des catégories, une logique suffisamment floue dans laquelle le processus vivant puisse s'exprimer. Il est en effet essentiel de savoir que le processus d'individuation, pour exister et se poursuivre, a besoin de suffisamment d'ambiguïté dans la relation. Pour que le sujet prenne sens, les significations ne peuvent être seulement « injectées » de l'extérieur, parce que l'être humain n'est pas une machine qui ne répond qu'à des stimuli. Il a besoin de créer un monde intelligible et cela, afin que le processus d'individuation puisse se poursuivre[15].

La normalité individuelle, la personnalité subjective se nourrissent en effet de situations auxquelles elles donnent leurs propres sens. Est-ce le cas lorsque le sujet est soumis à un plan d'organisation dont la conception et l'actualisation lui échappent complètement en même temps qu'il morcelle les tâches des professionnels ?

Exemples d'organisation de journées de travail

L'indéterminisme nécessaire pour que le sujet handicapé puisse trouver ses solutions propres est contraire à un plan d'organisation taylorien, lorsqu'il devient prépondérant au détriment des habiletés et des qualifications des travailleurs[16]. Selon A. Touraine, celles-ci ne sont plus alors le principe central

---

15. La difficulté concerne ici les influences des modes tayloriens d'organisation qui font disparaître cette recherche de signification.
16. Nous partons de l'hypothèse que ces compétences favoriseraient la vie du sujet handicapé afin de souligner les effets des modes d'organisation sur l'efficacité professionnelle. Cette hypothèse n'est cependant pas toujours vérifiée. Les chapitres successifs nous le montreront.

du fonctionnement. Or, ce plan d'organisation dont nous avons vu les effets sur le corps du sujet est également caractérisé par la stéréotypie des tâches et par l'enchaînement d'objectifs techniques sans que l'intérêt au sujet particulier apparaisse comme prioritaire.

Voici deux modèles de ces plans d'organisation. Le premier montre le peu d'évolution des formes d'organisation sur une période de dix ans dans le même centre de soins[17]. Le second, plus souple, propose une répartition différente des temps de présence des agents en fonction des contraintes techniques.

Le plan d'organisation [I] souligne deux aspects du déterminisme temporel.

1. Il s'agit d'abord d'un déterminisme dans le présent où l'ordre des actions de l'entourage est millimétré. L'absence de choix immédiatement perceptible de la part de l'entourage a ainsi peu de chance de favoriser une liberté du même ordre chez le sujet handicapé.

2. Ensuite, au fil du temps, un autre déterminisme apparaît. De 1985 à 1995, ce sont les mêmes données de base qui président au découpage du temps. En dix ans, les centrations sur les mêmes aspects matériels et techniques restent constantes. Cette orientation peut sembler normale puisqu'il ne s'agit que de plans d'organisation. Cette normalité apparente doit cependant être examinée dans ce qu'elle ne rend pas visible : les corps malmenés à l'origine de douleurs et d'angoisses. Cette absence des corps malmenés de la conscience des décideurs ne facilitera pas la constitution d'une intériorité où l'attention à l'autre sera ouverture à une spiritualité à dimension humaine. D'autres formes de spiritualité pourraient, en effet, s'imposer, dans lesquelles l'oubli ou la négation du corps serait une manière d'échapper à cette dimension humaine. Les projets s'y autolimiteraient d'eux-mêmes dans des visées où la mort serait la seule perspective. Alors, il ne faudrait plus parler de lieu de vie mais de « mouroir ».

La suite de cette réflexion nous amènera donc naturellement à dégager les valeurs, souvent inconscientes, qui permettent à ce morcellement des tâches de perdurer et aux conséquences notées d'apparaître.

---

17. Cf. pages 175, 176 de *Soigner les personnes âgées à l'hôpital*, Dunod-Privat, 1991.

I - Premier modèle d'organisation pour les équipes du matin

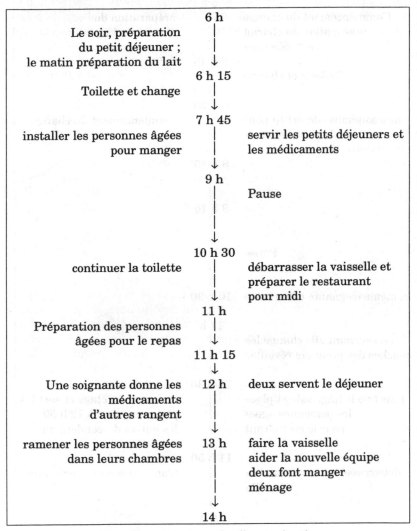

*Ia - Premier exemple d'organisation
de la matinée de travail en 1985*

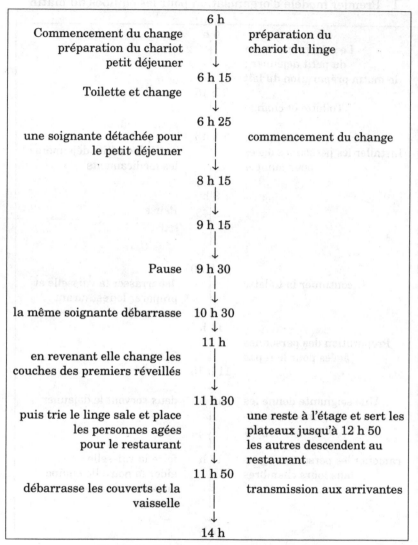

	6 h	
Commencement du change préparation du chariot petit déjeuner	↓	préparation du chariot du linge
	6 h 15	
Toilette et change	↓	
	6 h 25	
une soignante détachée pour le petit déjeuner	↓	commencement du change
	8 h 15 ↓	
	9 h 15 ↓	
Pause	9 h 30 ↓	
la même soignante débarrasse	10 h 30 ↓	
	11 h	
en revenant elle change les couches des premiers réveillés	↓	
	11 h 30	
puis trie le linge sale et place les personnes agées pour le restaurant	↓	une reste à l'étage et sert les plateaux jusqu'à 12 h 50 les autres descendent au restaurant
	11 h 50	
débarrasse les couverts et la vaisselle	↓	transmission aux arrivantes
	14 h	

*Ib - Deuxième exemple d'organisation
de la matinée de travail en 1985*

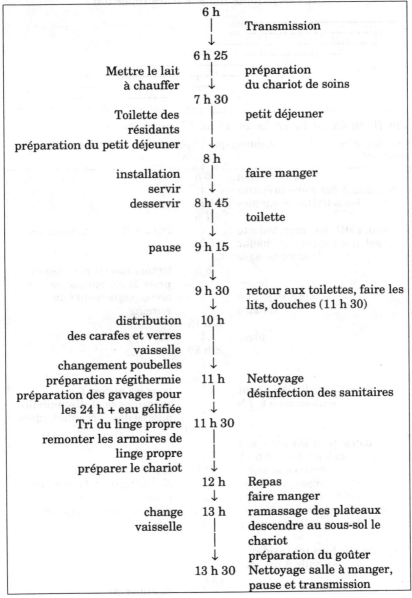

	6 h	
	↓	Transmission
	6 h 25	
Mettre le lait		préparation
à chauffer	↓	du chariot de soins
	7 h 30	
Toilette des		petit déjeuner
résidants		
préparation du petit déjeuner	↓	
	8 h	
installation		faire manger
servir	↓	
desservir	8 h 45	
		toilette
	↓	
pause	9 h 15	
	↓	
	9 h 30	retour aux toilettes, faire les
	↓	lits, douches (11 h 30)
distribution	10 h	
des carafes et verres		
vaisselle		
changement poubelles	↓	
préparation régithermie	11 h	Nettoyage
préparation des gavages pour		désinfection des sanitaires
les 24 h + eau gélifiée	↓	
Tri du linge propre	11 h 30	
remonter les armoires de		
linge propre		
préparer le chariot	↓	
	12 h	Repas
	↓	faire manger
change	13 h	ramassage des plateaux
vaisselle		descendre au sous-sol le
		chariot
	↓	préparation du goûter
	13 h 30	Nettoyage salle à manger,
		pause et transmission

Ic - Organisation de la matinée de travail en 1995

II - Deuxième modèle d'organisation

6h 7h 8h 9h 10 11 12 13 14 15 16 17 18 19 20 21

Ne sont indiqués, dans ce planning que les périodes de travail des aides-soignants

Transmission continuité des soins préparer les activités matinales	6 h ↓ 7 h	
éveil, petit déjeuner, toilette selon le rythme de chaque personne âgée	↓	lecture des transmissions
lever, petit déjeuner toilette	8 h ↓ 8 h 15	lecture des transmissions prise de connaissance des accompagnements de nursing
idem	↓ 8 h 30 ↓ 10 h	
Pause pour les AS ayant embauché à 6-7 h	↓ 10 h 30	pour les autres : surveillance et disponibilité auprès des personnes âgées
pause pour les AS ayant débuté à 8 h-8 h 15	↓	
arrivée armoire repas, plateaux installer tables	11 h ↓	selon les difficultés alimentaires : 2 temps de repas
déjeuner dans la chambre ou dans la salle à manger	11 h 30 ↓ 12 h	déjeuner des autres AS
déjeuner de tous les résidants en salle à manger	↓ 12 h 15 ↓	déjeuner AS
café pour l'ensemble des personnes âgées	13 h	

Le plan d'organisation [II] apporte plus de souplesse et on peut moins craindre, comme le souligne P.E. Tixier[18], que l'administration des choses ne prédomine sur l'administration des humains.

Il sera cependant noté que le stress, source de maladie vécue par les soignants, résulte en partie de cette activité « à la chaîne ». On comprendra à la vue de ces plans d'organisation qu'ils soient à l'origine des conduites stéréotypées, d'une accentuation de la routine, d'une perte de signification de ses actes et parfois, même, de violence.

L'attention des gestionnaires à prendre en compte l'ordre des priorités s'éclairera, nous l'espérons, à cette lecture[19].

Le stress, source de maladie

Il a été possible, à de nombreuses reprises, de percevoir des formes d'aliénation dans l'entourage soignant lorsque l'ordre favorise des relations essentiellement techniques. Qui en est à l'origine ? Les reproches quant aux responsabilités de vies institutionnelles inadaptées se font trop souvent à l'égard « du personnel ». Les « ordres » auxquels il doit obéir ne sont pas suffisamment pris en compte. Ces ordres l'insèrent et l'enserrent même dans un réseau étroit de priorités et de contradictions. Le système mis en place, non seulement conduit à la routine mais il place également le soignant en situation de stress. La perturbation des mécanismes logiques devient alors probable parce que l'acteur social est dans une situation de discordance entre ses capacités et les exigences de la tâche.

Une analyse des causes et des conséquences de ces discordances soulignera d'abord comment la modernisation des structures qui s'est exprimée par la loi de 1975, dite « loi d'humanisation » a produit essentiellement des changements matériels. Les formes de rationalité induites ont mené à la production en série de tâches répétitives et sont à l'origine de désorientation

---

18. P.E. Tixier, « Le syndicalisme affronté aux modèles post-rationnels », *Participation et changement social dans l'entreprise*, L'Harmattan, 1989.

19. D'autres formes d'organisation de travail se profilent heureusement où l'organisation des soins en série disparaît, remplacée par une organisation des soins par groupe de malades. Cette dernière forme facilite la responsabilisation des soignants face au sujet âgé en même temps qu'elle permet de le percevoir comme une personne et non comme un objet.

sociale : il faut faire, dans un temps prescrit, tant de toilettes, faire manger tant de personnes...

L'absence d'initiatives de la part des agents enserrés dans ce travail répétitif se concrétise dans l'activité routinière. Celle-ci est immédiatement visible et se présentera sous de nombreuses formes.

La routine

La routine dont on peut noter l'aspect protecteur et reposant, puisqu'elle évite de réfléchir, accentue la transformation des habiletés professionnelles en stéréotypes.

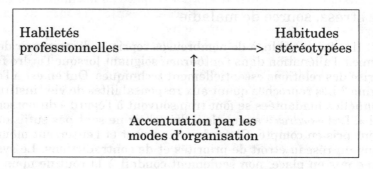

En voici certaines conséquences caractérisées dans un centre de soins[20] :

— prendre une décision à la place du sujet revient à l'empêcher lui-même de trouver une solution à un problème ;

— ne pas accepter que la relation se construise dans une opposition, permettant de se différencier d'autrui, et ainsi nier que certains aspects de la personnalité puissent se construire contre l'avis de l'entourage ;

— tout ce qui est adapté au but mais réalisé machinalement enlève la possibilité de décision effective conforme à une intention ;

— la confusion des concepts de confort et le bien-être : si un terme est mis à la place de l'autre, la dimension matérielle devenue prioritaire modifie singulièrement le but recherché. En

---

20. Les renvois à d'autres pages, qui seront particulièrement nombreux dans ce développement, indiquent que le problème évoqué a des implications diversifiées. Celles-ci seront amplifiées par les autres éclairages aux chapitres concernés.

effet, si le confort est relatif au bien-être matériel ; le bien-être, dans son acception globale, concerne des données propres à l'être humain où domine le sentiment de satisfaction (affective ou spirituelle) ;

— la création de situations de folie : M. X veut se lever à 6 h 30, il doit rester couché jusqu'à 8 h, ce qui crée une situation de frustration exagérée ; Mme Y veut dormir, mais elle est réveillée à 6 h 30 !

— en venir à considérer que ce qui paraît évident pour soi, l'est également pour l'autre[21] ;

— faire vivre le résidant dans la contradiction entre le « c'est à vous » et l'usage social de l'espace niant l'espace privé. Cette contradiction se rapporte d'abord à l'espace de la chambre et au rangement des objets. Elle concerne, ensuite, l'espace au sens large : mettre la table est une activité prisée par certains résidants. C'est une lutte contre la monotonie des jours. Son acceptation « théorique » dans le cadre d'un projet de service n'a pu résister à l'enfermement du personnel dans la salle à manger. La fermeture des portes à deux battants, en empêchant les volontaires d'entrer, en a fait un lieu réservé ;

— l'absence d'apprentissage permettant de comprendre les modes de vie, l'espace, le temps[22] ;

— mettre machinalement des « couches » de jour et de nuit[23] ;

— forcer la personne à manger alors qu'elle est capable de le faire ;

— même chose pour la toilette. Ces trois situations concernent une aide trop importante montrant toute la nocivité du système : l'attention au sujet particulier cède face à des notions techniques qu'on applique à un objet ;

— la confrontation entre routine et temps vécu par le sujet, ses conséquences sur l'identité[24] ;

— le maintien d'une personne au lit de 15 h à 7 h du matin à cause d'une mauvaise évaluation[25] ;

— la routine contagieuse ; compliquant les effets de la hiérarchie horizontale des « blocs soignants »[26], les essais d'améliora-

---

21. Cf. page 88.
22. Ce point est une conséquence de la routine. Il devient, aussi, causes d'autres actes routiniers. Cf. page 34.
23. Cf. page 121.
24. Cf. page 81, les influences sur les identités « prescrite » et « défensive ».
25. Cf. ce problème page 21.
26. Cf. page 19.

tion de pratiques par certains sont d'autant plus difficiles que « la routine de l'un suit celle de l'autre ». Lorsque l'équipe travaille sur une base taylorienne, il est extrêmement difficile à un membre du personnel de sortir du système sans risquer de le déséquilibrer. En outre, du point de vue affectif, dans le cadre de l'identité collective, les manières de faire de l'ensemble ont une influence importante sur l'innovateur ;
— imposer le cycle lit-fauteuil pour une personne autonome ;
— rentrer dans la demande d'assistance du sujet, c'est accentuer la passivité du sujet handicapé et augmenter l'activité de l'entourage.

Ces activités routinières sont sources de désorientation pour les résidants. Ces désorientations peuvent être de natures différentes. Spatiale, lorsque l'apprentissage des lieux est insuffisant ; sociale lorsque les critères relationnels sont absents ; temporelle quand le temps a perdu sa continuité entre passé et avenir. Elles sont origine de stress pour l'entourage lorsqu'il perçoit les conséquences de ses actes. Cette prise de conscience sera cependant atténuée par un phénomène décrit par J. Cazeneuve[27]. La routine participe à la cohésion des blocs. Cette forme de dépendance nous interpelle ici avec son cortège de codifications et de règlements, mais aussi par la soumission des agents aux ordres reçus. Cette acceptation se caractérise par l'ajustement aux contraintes réglementaires, qui placent au second plan la préservation des capacités d'ajustement du sujet handicapé.

L'accentuation du stress

Les nombreuses situations de crise vécues par les sujets, auxquelles ceux-ci répondent par des régressions comportementales et des épisodes de confusion mentale, ne sont pas sans effets sur l'entourage. On peut noter avec R. Blauner[28] trois critères accentuant le stress de l'entourage :
— le sentiment d'impuissance dans lequel le comportement de l'individu l'empêche d'obtenir les résultats qu'il recherche ;

---

27. J. Cazeneuve, *dans : Le travail au quotidien*, P. Bouvier, PUF, 1989.
28. R. Blauner, *dans : La sociologie industrielle, op. cit.* L'anomie est un critère supplémentaire (la mise en œuvre de moyens illégaux pour atteindre ses buts) ; la déperdition par l'individu des valeurs sociales centrales concernant autant les résidants âgés soumis à la désorientation sociale que l'entourage soignant sera abordée p. 73.

— l'absence de signification des actes dans lesquels il est engagé ;
— l'absence de réalisation de soi[29].

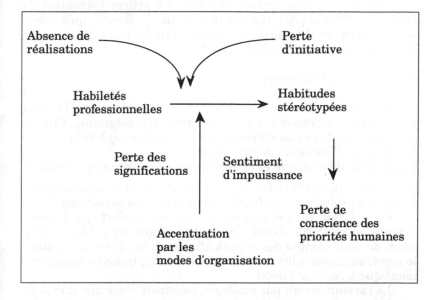

Ces différents éléments remettent en question la pertinence que le sujet peut percevoir de ses efforts. Ceux-ci risquent alors d'être moindres parce que le sujet se sent « aliéné » par une forme d'ordre qui ne respecte pas les valeurs individuelles. Les personnels particulièrement fragiles sont ceux qui ont le souci de privilégier l'interaction au sein des services et non l'application des techniques prônées par le système.

Il est nécessaire pour comprendre cela, de percevoir la logique de ce dernier, où l'automatisation ne permet pas au soignant de trouver les significations essentielles à sa propre vie. Celles-ci, d'après H. Blumer[30], sont primordiales au sein des échanges pour structurer les conduites individuelles. En leur absence, ce sont les significations véhiculées par le système qui

---

29. dont la dimension spontanée doit être préservée. Cette question sera approfondie p. 108.
30. H. Blumer, cité par Neil J. Smelser « Les théories sociologiques », *op. cit.*

tendent à s'imposer. Selon J. Woodward[31], la fonction technique n'y est distinguée que fort malhabilement des fonctions sociales et interactives. Au sein de cette vision parcellaire, « le vieillard/problème », celui qui n'a pas réussi à attirer l'attention de l'entourage[32], n'a plus, comme le souligne Y. Bosc[33], qu'à adopter une attitude de régression car la maladie est le seul moyen de se faire reconnaître, de se valoriser.

La réciprocité douloureuse

Il faut souligner qu'aux contraintes visibles chez le sujet handicapé, correspond une souffrance du soignant. Elle se construit sur deux caractéristiques du système taylorien :
1. l'absence d'initiative des résidants ;
2. l'absence de dialogue et la suppression des données sensibles.

1. Un exemple permettra de voir comment des significations implicites orientent la perte de dynamisme des personnes.

On informe le sujet, ou sa famille, du confort que l'hébergement va procurer. Dans cette information, on oublie, cependant, de tenir compte des significations qui vont être produites : le sujet, ou encore plus facilement sa famille, imagine un régime identique à celui de l'hôtel.

Le raisonnement, par analogie, construit alors une image de l'établissement où les occasions d'actions sont réservées aux soignants. La passivité induite par ces présupposés ne permet pas à l'initiative du sujet âgé de se manifester. Cette tendance sera accentuée si, machinalement ou parce que « ça va plus vite », on décide et on fait tout à sa place. On peut craindre, dès lors, que la plainte du sujet ne devienne son seul mode d'expression.

Le problème crucial pour l'identité du sujet est de savoir si celle-ci sera entendue et comprise à partir des causes premières qui ont été évoquées. Le tableau suivant montre comment la plainte n'est que le premier signe d'une rupture entre le sujet et

31. Woodward, « Compte rendu de la compétence européenne de l'OCDE sur les implications pour la main d'œuvre de l'automation et du changement technique », *Revue française du travail*, avril-juin 1986.
32. Et nous verrons que ces vieillards/problèmes sont repérables en fonction des symptômes vécus par l'entourage comme obstacles à la relation.
33. Y. Bosc, « Le médecin généraliste face au malade âgé », *Prévenir*, n° 15, 1987.

le monde. Se succéderont ensuite le refus de faire et le refus d'être.

Une population de 113 résidants a pu être classée sur une échelle allant du maximum au minimum d'initiative, quasiment jusqu'à son absence :

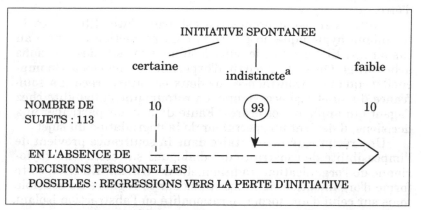

a. L'entourage hésite à se prononcer quant à cette qualité d'initiative spontanée. On voit que cette catégorie de résidants est la plus fragile dans un environnement où les décisions lui sont enlevées.

Il a pu être remarqué, par l'entourage très proche, ayant un contact continu avec la personne âgée au cours de la journée, que le glissement vers la perte d'initiative s'accentuait lorsqu'on décidait pour elle. Cette tendance était particulièrement sensible pour les personnes classées en « situations indistinctes ». A la plainte succédait alors un refus de faire, ou plus grave, un refus de vivre.

Un regard méthodologique montre comment cette mise en catégorie a pu être favorable pour l'entourage soignant en simplifiant la perception du problème. Elle a permis d'enrichir le processus de soins depuis le contact avec les familles jusqu'aux relations quotidiennes avec le sujet. En outre, par cette démarche, les agents ont acquis une dimension supplémentaire, celle d'acteurs sociaux parce qu'ils ne subissaient plus les décisions construites hors de leurs compétences.

La visée réduite à des objectifs à court terme est déstructurante pour le sujet et onéreuse pour l'établissement. Un autre exemple montrera comment une organisation rigide, privilégiant la mise en place de « couches hygiéniques », préside au passage du contrôle interne des fonctions musculaires à un contrôle extérieur.

La perte d'interaction entre le sujet et son entourage qui avait été notée comme occasionnée par sa transformation en objet de travail, se double d'une perte d'interaction interne, car le contrôle personnel de ses conduites sociales n'a plus de raison d'être.

Cette régression orchestrée est fréquente. Elle place la technique hygiénique en priorité : « La protection est mise au cas où... ». Elle conduit le sujet à se modeler sur des décisions arbitraires. On sait, à partir d'expériences menées à Champcueil[34], qu'une incontinence sur deux est ainsi créée. La souffrance du sujet âgé occasionne, en retour, une culpabilité chez l'agent qui applique les ordres. Faute de pouvoir participer aux décisions, il devient un spectateur de la dégradation du sujet.

Une réciprocité involontaire dans la souffrance provient de l'impossibilité de construire des dialogues sur cette base taylorienne de l'organisation traditionnelle du travail. En effet, cette forme d'organisation ne s'inscrit pas sur le registre du sensible mais sur celui d'une forme de rationalité où l'abstraction isolant les éléments de leur contexte rend impossible la prise en compte des interactions.

Le qualitatif est peu chiffrable. Aussi ce sont les données sensibles qui ont tendance à être supprimées en premier lieu dans le processus taylorien. L'angoisse de ne pas maîtriser le processus de production fait que les avis de l'entourage proche et très proche n'ont pas leur place dans les modalités d'organisation. En conséquence, si les soignants ne sont considérés que comme des corps-outils, leur attention s'évade, ne serait-ce que pour lutter contre des actes qui les révoltent. Ils ne peuvent plus alors connaître le sujet fragile autrement que par ce qu'on en dit ou par un regard objectivant, transformant le corps en une simple addition d'organes. Dans ces conditions, nous comprenons pourquoi une haine peut s'exprimer par rapport à la personne âgée.

Le corps subjectif, lui, est d'abord singulier, différent d'une personne à l'autre. Il est ensuite le motif et l'agent de relation permettant la reconnaissance de personnalités étrangères. Lorsque les dialogues ne s'instaurent pas, l'étrangeté de l'autre peut être étouffée de différentes façons. Deux en seront notées, la première est indépendante de l'institution :

---

34. Champcueil (collectif), *Gérontologie*, n° 3, 1992.

1. pour des raisons biologiques, mais aussi par l'absence de demande, par l'oubli de l'entourage, le corps change. Il ne correspond plus à celui d'un être social, mais tout juste à un corps source de soucis et de maintenance. Ignorer l'étrangeté de l'autre consiste alors à ne plus le regarder ;

2. la seconde est liée aux mécanismes que nous avons trouvés dans le fonctionnement de l'institution : l'objectivation forcée, la transformation en corps-matière font que le corps devient indésirable pour le sujet lui-même. Nous avons besoin de nous offrir et d'être demandés. Cette caractéristique du vivant est absente du corps-machine. Il y manque le dynamisme propre qui permet de le distinguer immédiatement du corps mort, simple addition d'organes, qui occupe pourtant une place centrale dans la science médicale. La réalité du vivant est de toute autre nature. Son dynamisme est alimenté par la sensibilité comme source originaire de la relation. Cette dernière est indispensable à la vie.

Chapitre 2

La désorientation sociale des handicapés

Le système taylorien a montré que l'entourage ne vivait pas dans un monde intelligible. Le sujet handicapé vit-il dans un monde qui le serait davantage ? Cela dépendra de la manière dont le symptôme présenté, en tant que signe de sa difficulté à vivre, sera interprété par l'entourage. Nous appellerons symptôme un trait de comportement qui n'est pas supporté, à des degrés plus ou moins grands, par l'entourage. Ce phénomène concerne tous les résidants ne bénéficiant pas de l'étiquette : « Il est bien ». On peut même se demander si cette étiquette n'impliquerait pas un comportement de soumission apprécié par l'entourage.

S'il devient un obstacle à la relation, l'enkystement et même l'aggravation du trouble se structureront parce qu'apparaîtra alors une indistinction entre deux catégories essentielles de troubles : les démences, en particulier dégénératives, et les pseudo-démences. Or, les symptômes que présentent ces différentes affections sont proches, sinon semblables.

L'entourage doit s'interroger sur la notion de pseudo-démence, défendue en particulier par Simeone[1], sur le lien entre le symptôme et le trouble qui l'accompagne. Trop souvent, il n'existe pas de doute, quant à ce lien, dans la vision de l'entourage. La désorientation spatiale est ainsi identifiée imprudemment comme une preuve de la maladie d'Alzheimer, et on parle

---

1. Simeone, *Le travail d'habilitation*, Université de Genève, juillet 1987.

alors de ces personnes comme « de déments ». Le symptôme en devenant obstacle à la relation, transforme ce qui est réversible en troubles irréversibles. On a pu constater que cela se produisait dans 25 à 50 % des cas.

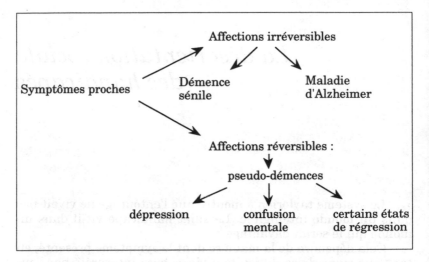

Comment ce mécanisme se met-il en place pratiquement ?

1. le sujet perturbé est abordé à partir de buts qui lui sont indifférents ou même désagréables. Les formes de relation imposées par l'entourage sont créatrices d'angoisse, facteur suffisant pour déstructurer l'identité d'une manière profonde ;

2. il existe d'autres sources d'erreurs, celles produites par le manque d'homogénéité de l'équipe. La constitution de « blocs soignants » conduit de ce point de vue à la mise en place de clans rivaux dont les intentions peuvent être très disparates. Dans ces conditions, le sujet doit passer par des alternances où les valeurs mises en jeu sont contradictoires. Un bloc voudra qu'il récupère son autonomie, l'autre l'astreindra à une dépendance plus grande... Il ressort généralement de ces oppositions un accroissement de la fragilité identitaire ;

3. l'absence d'apprentissage ou l'apprentissage par répétition menant à des formes d'adaptation passives accentuent les comportements chroniques et font obstacle à de nouveaux apprentissages. Il suffit, par exemple, qu'une personne soit changée de chambre pour que la désorientation spatiale se produise. La liaison causale, faussement évidente, qui lie cette désorientation à l'incapacité du sujet ne va plus de soi. Elle remet en cause la

liaison naïve associant le trouble démentiel à ce symptôme. Cette liaison naïve, évoquée comme cause, est présentée dans le schéma suivant :

TROUBLE (la maladie d'Alzheimer)
↓
SYMPTÔME (désorientation spatiale)

Cette « certitude » structure le symptôme en obstacle « parce qu'on ne peut plus rien faire ». L'adaptation passive et les difficultés d'apprentissage qu'elle induit nous obligent, si l'on veut rester attentif au sujet, à chercher une autre voie contrebalançant l'enfermement dans la pathologie.

Cette autre voie, qui doit mener à une attitude de doute actif concernera la correspondance trop automatique qui est faite entre symptôme et trouble. Cette correspondance tend à ne pas laisser le moindre doute sur la responsabilité du sujet. C'est lui, certainement, qui est malade. Cette « évidence » méconnaît deux facteurs :

— on ne sait pas toujours ce qui est cause et conséquence dans les maladies de la vieillesse ;

— on sous-estime les effets produits par l'entourage sur le sujet.

De ce point de vue, la manière dont le sujet résout ou ne résout pas ses problèmes d'adaptation peut, en effet, être à l'origine de symptômes. S'ils sont identifiés comme un trouble endogène, les relations sociales qui se créent alors accentueront la difficulté d'adaptation du sujet. Subrepticement nous passons alors d'un modèle linéaire du style :

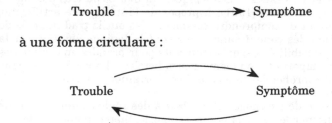

Trouble ⟶ Symptôme

à une forme circulaire :

Trouble   Symptôme

Dans cette forme circulaire, répétons-le, la cause et la conséquence restent d'autant plus difficiles à distinguer que l'entourage peut être responsable, totalement ou partiellement, du déficit. Si par contre, l'entourage doute de cette liaison conditionnelle entre trouble et symptôme, alors la perte d'attention du sujet pourra être limitée. La conséquence fréquente est que l'environnement devenant plus compréhensible pour ce dernier, son attention s'améliore également. Pour ce faire, l'appréciation sur la liaison causale entre trouble et symptôme doit rester suffisamment « floue », indéterminée, pour que le sujet ne soit pas enfermé dans des catégories rigides dont il ne pourrait s'échapper.

TROUBLE
↓

la liaison causale reste floue[2] :
plusieurs formes de troubles
peuvent être à l'origine de mêmes
symptômes
↓

SYMPTÔME

L'attitude de doute cartésien doit ainsi permettre d'éviter de tomber dans le sens de la mode dominante où tout est maladie d'Alzheimer. Deux études nous permettent d'étayer cette ligne prudente :

1. La première publiée par D. Selkoe dans la revue *Pour la science*[3] montre qu'en fonction de la définition plus ou moins stricte de la maladie, les pourcentages de sujets concernés par les atteintes dégénératives étaient très différents. Deux études sont mises en concurrence : celle de Frammingham (F), celle de

---

2. D. Dubois et H. Prades (« Les logiques du flou et du très possible », *La recherche*, novembre 1991), à propos de l'intelligence artificielle, nous permettent de comprendre comment « les outils traditionnels de représentation des connaissances que sont la logique classique et la théorie des probabilités » sont insuffisants pour prendre en compte des informations imparfaites ou même contradictoires. La logique classique ne permet d'appréhender que ce qui est certainement vrai ou certainement faux.
Notre problème de psychogériatrie obéit à des règles similaires. Il ne faut pas enfermer le sujet dans une catégorie, même si elle est définie par un système expert standard, car les conduites du sujet peuvent nous induire en erreur quant aux causes de ses troubles.
Dans cette optique prudente, il est, au contraire, nécessaire d'accepter que ses conduites puissent correspondre à des troubles de nature telle qu'ils puissent être ceux de l'entourage et non ceux du sujet !
3. D. Selkoe, « Mémoire et vieillissement », *Pour la science*, novembre 1992

Harvard (H). Leurs comparaisons donnent des résultats qui diffèrent d'un facteur 6 pour la tranche d'âge de 65-74 ans, à un facteur 4,5 pour la tranche d'âge 75-84 ans et à un facteur 3,6 pour la tranche d'âge au-delà de 84 ans. En voici le détail :

(F)	(H)	(F)	(H)	(F)	(H)
0,5 %	3 %	4,1 %	18,7 %	13,1 %	47,2 %
65-74 ans[a]		75-84 ans		> 84 ans	

Comparaison entre les deux études (F) et (H)

a. Sont indiqués, pour chaque étude, les pourcentages de sujets concernés par tranche d'âge.

Le repérage dans la maladie dépend des instruments de mesure que l'on emploie.

2. C.H. Dérouesné[4] conforte cette attitude prudente : sur 2 000 sujets venant en consultation à propos de troubles de la mémoire, 60 % d'entre eux ne souffrent d'aucune forme de perte, 20 % souffrent de troubles réversibles, 20 % seulement auraient des atteintes irréversibles.

Cependant, ces 60 %, indemnes de toute pathologie, se plaignent en indiquant ainsi un problème existentiel. Une attitude extrêmement prudente de l'entourage, contestant les fausses évidences quant à l'origine de ce problème, permettra ainsi que les symptômes ne soient plus des obstacles, mais des occasions de relations émancipatrices[5]. Le sujet pourra s'y accorder non pas seulement avec ceux qui l'entourent mais aussi avec lui-même.

Dans l'approfondissement des obstacles à la relation émancipatrice, les critiques des modes de constitution de la réalité mentale constitueront la base d'une remise en cause de la vision linéaire source des erreurs suivantes de conception :
— la responsabilité propre de l'entourage n'apparaît pas. Ce dernier fonctionne alors à partir d'a priori qui paraissent « évidents » ;
— les stimuli déterminent complètement les conduites.

---

4. Ch. Dérouesné, « Mémoire et vieillissement », *La recherche*, août 1994.
5. dont les éléments seront développés ultérieurement.

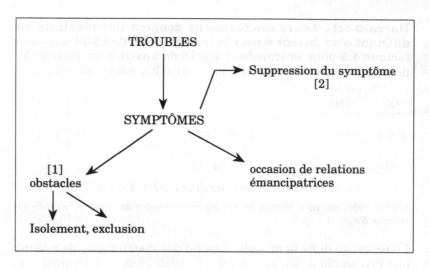

Le terme usuel de « stimulation appliquée à... » correspond alors à cette manière de voir l'autre, comme une mécanique obéissant à des injonctions primaires. Dans cette manière de voir, le symptôme est un obstacle et on cherche à le supprimer, en particulier lorsque des phénomènes agressifs sont en jeu.

Le comportement de l'entourage comme réalité aliénante, en suivant les voies [1] et [2] du dernier schéma, est fonction des directions hiérarchiques. Les fausses déductions issues de prémisses insuffisantes semblent davantage relever des personnes qui n'ont qu'un contact lointain avec la réalité du terrain. Ce sont les gestionnaires qui sont alors directement concernés.

Les fausses inductions se constituent dans une généralisation abusive de traits particuliers. Par exemple, la désorientation spatiale y est, comme nous l'avons vu, identifiée comme une démence. Cette généralisation abusive concerne surtout l'environnement proche ou très proche de la personne handicapée. Cette réalité aliénante se construit également en s'appuyant sur de fausses analogies, sur « la ressemblance » entre des troubles différents par essence. L'expression « c'est comme » identifie ainsi la confusion mentale et la maladie d'Alzheimer à partir des symptômes communs.

L'attention au sujet et à ses interactions avec l'entourage permettra seule de distinguer comment les rôles et les statuts de chacun dans la hiérarchie vont amener à construire une réalité sociale, source de désorientation ou bien d'intégration. Si le

fait de douter est, comme nous l'avons vu, un préalable nécessaire, l'erreur de Descartes a été de minimiser les facteurs émotionnels. La mise en œuvre « d'a priori » dans la constitution des
hypothèses le démontre. Selon P. Oléron[6], il existerait « un effet
d'atmosphère », confortant l'importance qu'on doit accorder à la
notion d'ambiance. Lorsque les prémisses présentées sont positives, elles induisent chez les sujets des conclusions positives.
Quand elles sont négatives, des conclusions négatives.

L'ambiance, lorsqu'elle est créée par le « bloc » soignant,
échappe aux personnalités particulières qui la composent. Des
« a priori » renforcent l'exercice de pouvoir tel qu'il avait été
abordé dans le chapitre traitant du taylorisme. D'autres situations n'échappent pas à leurs auteurs. Ainsi il est possible de
voir comment la subjectivité de l'entourage renforce la tolérance
dont on fait preuve vis-à-vis de certains et l'amoindrit pour
d'autres.

L'analyse d'une contrainte comme le bain montre comment
cette situation qu'on pouvait penser simple, linéaire, est en fait
complexe. Le tableau suivant montre comment les sujets acceptent ou refusent spontanément, occasionnellement ou systéma-
tiquement le rituel du bain.

Acceptation spontanée [1] ↓	Opposition occasionnelle [2] ↓
Acceptation non spontanée [3]	Opposition systématique [4]

L'entourage soignant, en ayant une permissivité différente
pour chacun, crée des symptômes qui peuvent aller jusqu'à la
violence. L'a priori devient facteur de déstabilisation. Ainsi un
comportement peu permissif appliqué à quelqu'un de la catégorie [2], le fait passer en catégorie [4]. Il en sera de même pour
quelqu'un qui aurait accepté spontanément mais qui, pris « à
rebrousse poil », perdra cette spontanéité. La violence physique
devient la conséquence de ces situations où le sujet est « forcé
à... ».

Cette permissivité à « application variable » crée des zones
de polarité où s'exprime la subjectivité de l'entourage. Ces zones

---

6. P. Oléron, *Le raisonnement*, PUF, 1977.

se constituent à partir de l'émotion ressentie envers l'un ou l'autre des résidants. La remise en cause d'un raisonnement linéaire au bénéfice d'un raisonnement circulaire permet ainsi de comprendre comment la subjectivité de l'entourage accentue d'une manière discrétionnaire un pouvoir déjà considérable exercé sur le sujet handicapé.

Le système taylorien, non seulement conduit à la routine, mais il place également le soignant en situation de stress. La perturbation des mécanismes logiques devient alors probable parce que le sujet est dans une situation de discordance entre ses capacités et les exigences officielles de la tâche.

Des conflits de rôles, provoqués par des demandes contradictoires ou par des exigences en opposition avec les valeurs personnelles, accentuent cette discordance. Celle-ci gênera l'ajustement avec l'environnement : l'agent ne pourra alors devenir acteur social. Selon M. Tousignant[7], le concept de contrainte de rôle se définit par les contraintes, les conflits qu'on traverse avec le temps dans l'engagement social. On peut noter, en particulier, la notion d'emprisonnement dans des rôles correspondant à une insatisfaction profonde, rôles dans lesquels la personne se sent captive.

1. Cette situation, pour certains retraités, est source de dépression. Avec l'avancée en âge, l'expression « à quoi je sers » témoigne de ce désarroi devant le vide de l'existence. Il ne correspond pas alors seulement à la cessation d'activités professionnelles mais plus profondément au sentiment d'inutilité montrant que l'être humain souffre d'une carence imposée de l'action en faveur d'une contemplation non choisie, surtout lorsqu'il s'agit de la contemplation du vide.

2. La séparation entre décision et action est aussi dommageable pour l'entourage soignant comme cela avait été noté p. 19.

3. L'absence de prise en compte de l'émotion qui existe lors de la rencontre entre les corps jeunes et âgés accentue le stress. Tout un ensemble de règles logiques, que nous aborderons, mène à constater cette négation de l'essentiel.

---

7. M. Tousignant, *Les origines des troubles psychologiques*, PUF, 1992.

II

Les formes de vision parcellaires

Chapitre 3

L'ordre négatif

La négation du corps comme intériorité

Il existe un paradoxe courant en maison de retraite : les résidants préfèrent rester dans leur chambre pour se nourrir plutôt que d'aller dans la salle « à manger ». Le paradoxe tient à ce que l'homme est considéré généralement comme un « animal social », recherchant la compagnie de ses semblables.

Le mouvement de l'espace social à l'espace privé oppose les notions de signifié à celle de signifiant. Ce n'est pas parce qu'on dit d'un espace qu'il est social qu'il l'est automatiquement. Ainsi le refus du mouvement de l'espace privé à l'espace dit « social » montre comment cette dernière forme d'espace est « asociale ». Il suffit, pour cela, qu'une personne mange dans l'assiette du voisin ou que l'atmosphère soit trop bruyante.

L'obligation du maintien en ce lieu entraîne des comportements paroxystiques : les sujets contraints urinent partout, refusent de manger, fuguent, agressent leur entourage... Le lieu, qui n'est social que par obligation, crée une intériorité « asociale ». Le sujet n'y peut plus distinguer les caractéristiques de la socialité parce que les indices de la situation sont contradictoires. Il y a de quoi devenir fou ! Et souvent on le devient.

Le retour à l'espace privé sera alors invoqué pour des raisons de maladie. Il peut être à son tour source de perturbations causées cette fois par l'isolement, la désafférenciation.

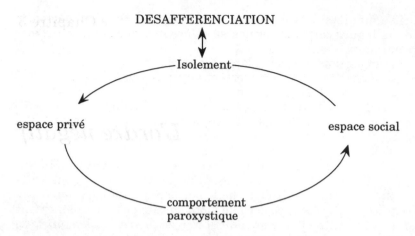

Les dégradations des conduites ne sont pas dues seulement au système taylorien, même si celui-ci n'est certainement pas hors de cause. Il suffit que l'humain soit considéré comme un automate, dont on satisfait les seuls besoins physiologiques, par exemple la nourriture. La perte de contrôle résultante doit être comprise :

1. par ce qui concerne directement le sujet perturbé, troublé par la décision absolue et indiscutable, qui s'applique à son encontre : « Vous devez manger là ! ». La priorité accordée à un besoin physiologique, plutôt qu'à l'unité personnelle construite avec un ensemble d'autres valeurs, concrétise la rupture des conduites sociales. Cette priorité est liée d'abord à la vision parcellaire qu'on a du sujet en institution ;

2. à la lumière des théories qui instaurent une rupture d'unité entre décision et action. Celle-ci, dans le système taylorien, concernait l'entourage du sujet où l'absence de dialogue possible entre certains niveaux hiérarchiques rendait illusoire la concertation. A un autre niveau d'analyse, cette rupture entre la décision et l'action montre comment les décisions peuvent être arbitraires et renforcent cette vision parcellaire qu'on peut avoir du sujet fragile.

Cette vision parcellaire n'est-elle qu'un épiphénomène dû à une situation locale, à une erreur d'appréciation, ou bien peut-on la percevoir en d'autres lieux ? En ce cas, pourrait-on parler uniquement d'inadaptation ? Ce terme est encore insuffisant car il ne souligne pas comment se construisent ces situations où les goûts et attentes particulières du sujet sont ignorés. L'obéissance absolue, qui est alors demandée, permet de caractériser

cette manière de voir l'autre. Elle s'appuie sur un syllogisme[1] dans lequel certains termes se réfèrent à des comportements « normaux » :
— manger dans un lieu adapté est normal pour tous ;
— la nourriture est effectivement apportée dans cet espace ;
— tous doivent donc y manger

Lorsque « le lieu adapté » est en fait « inadapté », le raisonnement s'écroule, non pas parce que sa forme logique est fausse, mais simplement parce que les données de base, ce qu'on appelle les prémisses, sont inexactes.

Lorsqu'un handicap amoindrit, temporairement ou définitivement, le sujet une autre forme de comportement consiste à « faire pour lui », puisqu'il « ne le peut plus ». La négation d'une relation émancipatrice découle alors de ce type de raisonnement qui, s'il n'est pas en contradiction avec les règles logiques, ne vaut que par les prémisses sur lesquelles il s'appuie :
— le sujet est amoindri ;
— « je fais » mieux et plus vite que lui ;
— « je fais » à sa place.

Enlever la décision et l'action au sujet, c'est ruiner ses possibilités d'autonomie. Lorsque la décision est prise à sa place, on ne peut parler d'un oubli malencontreux, mais au contraire, d'une décision occultante. Ce qui est caché concerne alors le processus par lequel le sujet pourrait récupérer son autonomie. Le corps en est le vecteur privilégié.

Les mentalités, les comportements anormaux de l'entourage, niant à la fois la richesse du corps dans la relation et dans l'apprentissage, résultent de l'application d'un dualisme métaphysique instillant cette vision parcellaire, et cela depuis des siècles. Platon notait déjà que le corps n'est qu'une enveloppe de l'âme immortelle, enveloppe qu'elle reprendra à chacun de ses nouveaux cycles de vie. Il paraît dès lors logique, dans cette optique, qu'une conscience extérieure puisse influencer le corps du sujet handicapé. Cela se fera d'une manière d'autant plus naïve que le corps ne sera pas perçu comme une source de dynamisme propre, comme une source de la subjectivité du sujet. Parallèlement à l'exemple du repas, la manière de faire le lit est trop souvent celle de l'entourage, qui, empêtré dans ses propres stéréotypes, ne peut reconnaître les manières de faire propres au sujet.

---

1. D'autres façons de voir, que nous aborderons par la suite, ne donnent pas de meilleurs résultats.

Cette vision antique du corps comme automate, comme machine, se construit sur l'absence de distinction entre les corps vivants, caractérisés par leur dynamisme, et les corps morts, simple addition d'organes. Si les rituels mortuaires, en disparaissant, tendent à nous faire oublier cet aspect des choses, le corps morcelé, celui du cadavre, reste le lieu d'apprentissage du corps vivant. Le savoir médical — dont on connaît l'influence sur les rites quotidiens — ne nourrit-il pas alors un modèle dans lequel l'esprit domine la matière ?

La notion de savoir absolu impliquerait donc qu'on décide pour l'autre « puisqu'il ne sait plus ». Les conséquences de la généralisation de cette attitude sont identiques à celles que nous avions notées à propos du taylorisme. Elles conduisent à ce morcellement entre la décision et l'action, mais ce morcellement est cette fois appliqué au sujet lui-même et non plus seulement à son entourage. Les racines nous semblent ainsi communes dans ces deux manifestations du pouvoir dans l'institution.

Cette défiance envers la relation sensible produite par le dualisme peut encore être accentuée par un certain idéalisme. Cette supériorité de l'âme sur le corps irait alors jusqu'à conduire à se méfier de ce dernier en le maîtrisant. On enlève ainsi toute possibilité au sujet de se rééquilibrer à partir de ses conduites. « Faire pour lui » est le premier exemple de cette démarche anormale. Le corps y est dépendant de la psyché et des fonctions mentales qui, lorsque le pouvoir de décision lui est enlevé, ne peuvent qu'être ceux de l'autre.

Une position extrême pourrait même déduire de l'aspect du sujet qu'il ne reste plus qu'à l'accompagner à la mort. Il ne semble malheureusement pas possible d'expliquer autrement les liens et autres formes d'attaches qu'utilisent les soignants pour empêcher le sujet de bouger dans son lit. « C'est pour son bien » dit-on, ou encore, en référence à la routine : « Nous n'avons pas le temps de nous en occuper ». Ces rationalisations nous semblent tout à fait injustifiées :

1. parce qu'il existe des moyens diversifiés pour empêcher le sujet de chuter[2] ;

2. parce qu'elles consistent à « ranger » le sujet handicapé dans un coin. Le terme de « conserverie » énoncé à ce propos semble pertinent. Ces pratiques prennent leurs racines dans la partie la plus reculée du dualisme, où la méfiance du corps va jusqu'à

---

2. Les associations entre des densités de mousse différentes nous semblent le moyen le plus efficace.

s'en détourner afin de contrôler toutes les tentations de relation qu'il pourrait offrir. C'est la survie de l'individu, au sens purement biologique qui résulte de cette attitude. Cette dernière est, le plus souvent, inconsciente et résulte de conditionnements sociaux et d'apprentissages techniques. Cette ligne de raisonnement se renforce, comme nous le verrons, lorsque le mouvement et certaines sensibilités internes sont insuffisamment prises en compte dans la mise en œuvre du dynamisme personnel.

Ce qui montre à la fois la véracité et le caractère inconscient de ces phénomènes concerne l'intérêt exclusif à l'apparence du corps. Dans la société marchande actuelle, l'apparence du corps est magnifiée en tant que révélation d'images narcissiques. Ce désir de se posséder comme le souligne L. Lavelle[3], n'est-il pas alors un obstacle aux relations émancipatrices évoquées ? Deux éléments permettent d'affiner cette notion :
1. l'absence d'intériorité du corps ;
2. l'apparence voûtée.

1. Aucune dimension intériorisée ne peut être reconnue au résidant tant que son corps sera vu comme une enveloppe interchangeable.

2. Pour un regard se fiant à l'apparence des choses, à l'extériorité du corps, le sujet âgé perclus, voûté, ne sera-t-il pas vu préalablement à toute autre explication, comme un être ayant perdu la liberté de l'adulte jeune, qui lui se tient droit ? Ne devient-il pas alors « une personne âgée » avec ce que ce qualificatif a souvent d'excluant ?

Déjà dans l'Antiquité, on distinguait l'apparence de l'esclave, celui qui marche voûté, les yeux baissés, « parce que la nature ne l'a pas fait pour penser ; de celle de l'homme libre qui est droit parce que son corps est le reflet de son âme ». L'esclave antique, tel que le caractérise Aristote, est « l'état naturel de ceux qui ne peuvent offrir mieux que l'usage de leur corps et de leurs membres ».

Le sujet handicapé est déjà amoindri par l'apparence qu'il présente, et lorsqu'en plus on lui refuse cet usage, n'est-il pas alors moins que rien, puisque l'esclave pouvait, au minimum et bien que contraint et forcé, « offrir » sa force de travail.

L'attacher, même pour son bien (!), nous paraît dès lors une entreprise barbare. La sujétion à cet état montrerait que nous n'avons guère progressé depuis deux mille ans de civilisation.

---

3. L. Lavelle, *L'erreur de Narcisse*, Grasset, 1939.

Cette situation sera encore plus néfaste lorsque le sujet aura perdu la parole. Il sera alors considéré comme impuissant par l'entourage, tant que son corps ne sera pas reconnu comme seul agent d'existence possible.

La négation de la conscience

En réaction à l'idéalisme, niant le corps comme facteur causal de l'être, le behaviorisme a eu au moins ce mérite de réintroduire cette dimension corporelle. Est apparu alors un autre objet de négation concernant la conscience, jugée inutile pour expliquer les conduites humaines. Pour Thorndike et Pavlov le stimulus est le point de départ d'un lien associatif ou d'une connexion. La théorie behavioriste avec Watson va encore plus loin : la conscience est un fardeau parce que les rapports entre stimulation conditionnelle et inconditionnelle se font par contiguïté ; la signification du signal ne jouant aucun rôle dans l'établissement du lien.

L'opposition entre certaines formes de vie institutionnelle « conditionnantes » et ce que Karl Marx notait comme distinguant l'homme de l'animal ne peuvent que nous laisser perplexes. Selon K. Marx : « L'homme est un être générique. Il s'élève au-dessus de ses fonctions animales qui, bien qu'étant authentiquement humaines, le rendent bestial si elles sont séparées abstraitement du reste du champ de ses activités ». Cette activité vitale devient l'objet de sa conscience.

Conscience et activité étant ainsi intimement mêlées, ne peut-on craindre que la cessation de l'activité consciente ne résulte de la disparition de l'activité vitale ? C'est ce qu'on peut remarquer lorsque le sujet n'a plus rien à faire d'intéressant. Si cette activité vitale peut être identifiée à certaines formes de travail, nous ne ferons pas l'erreur de confondre travail et activités structurantes, en particulier lorsque la vie professionnelle a cessé.

Une activité de ce type, peut également être repérée lorsque le sujet doit s'adapter à de nouvelles conditions de vie, par exemple lors de son arrivée dans une institution. Cette contrainte chez le sujet très âgé l'amène à passer des habitudes antérieures à des habitudes nouvelles, celles de l'institution. Ce passage ne s'effectue pas toujours sans heurts. Et on évoque souvent l'âge pour expliquer cette difficulté. L'ouverture d'une maison de retraite a montré que l'adaptation reposait sur d'autres critères. En effet, les soignants, eux-mêmes, ont noté qu'il leur fallait de huit à quinze jours pour qu'ils puissent, grâce à leurs activités professionnelles, prendre conscience des différentes composantes de ce lieu.

Le décalage ressenti par le sujet âgé, entre habitudes personnelles et habitudes nouvelles, n'est donc pas dû uniquement à l'âge. Traite-t-on l'autre aspect du problème ?

Il concerne l'apprentissage des habitudes nouvelles qui semble, trop souvent, complètement absent de la conscience de l'entourage — en particulier gestionnaire —, lorsqu'il se contente de faire « visiter » l'établissement. Cette prise de conscience n'est pas le but de cette « visite ». En effet, parcourir les lieux, les survoler, ne favorise que rarement une réelle connaissance du milieu. Le plus souvent, le sujet se renferme dans sa chambre parce qu'il est perdu. S'il tente de sortir, la désorientation spatiale découlera :

— de l'absence de réponses aux questions angoissées : « Où suis-je ? Je suis perdu » ;

— du fait d'être « guidé » pour aller de sa chambre aux divers espaces de l'institution. L'acquisition des connaissances nécessaires ne pourra se réaliser parce que la conscience dans ses composantes attentionnelles et perceptives est court-circuitée par ce « guidage ».

L'absence de choix spontané pour l'entrée dans l'établissement, l'état de crise plus ou moins important à l'arrivée sont les dimensions émotionnelles qui doivent être prises en compte en priorité. Elles accentuent la désespérance, ce qui compromettra les possibilités d'adaptation futures. Ce ne sont plus alors huit ou quinze jours qui sont nécessaires, mais un temps beaucoup plus long qui peut être celui de la vie du sujet en recherche d'équilibration entre lui et l'institution. La désespérance peut s'accentuer sous deux formes négatives quant à l'identité :

1. la demande de passivité, lorsque le sujet sent que le monde environnant lui échappe ;

2. l'incommunicabilité, la désadaptation, si le monde lui paraît incompréhensible.

Le schéma suivant détaille cette situation :

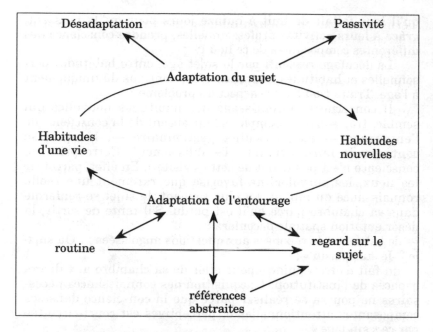

La routine, en empêchant l'entourage de percevoir l'importance de l'effort d'adaptation nécessaire, est un des éléments essentiels du problème. La manière de voir le sujet, dans cet environnement nouveau pour lui, constitue l'autre aspect important. Nous noterons, de ce point de vue, l'opposition entre l'ordre du géométrique et l'ordre du vivant. Dans la première forme, la mise en ordre se fait par une centration délibérée sur les objets : ils doivent être parfaitement rangés. L'ordre personnel du soignant s'y introduit subrepticement : les objets seront rangés à sa manière et non pas selon le désir du sujet.

C'est la mise en place d'un espace égocentrique, du point de vue du soignant, qu'on peut retrouver, lorsque la manière de faire le lit est imposée par les normes hospitalières et non pas en tenant compte des manières de faire du sujet. Il arrive même parfois que dans un souci humanitaire, on « le laisse faire » et puisque le lit est « mal fait », qu'on le défasse et qu'il soit « refait » selon la méthode officielle. Il est à peine besoin de souligner comment la conscience que le sujet peut avoir de lui-même est alors blessée par ces pratiques.

Dans ce même ordre géométrique, on va « expliquer » l'état des choses sans que cette explication limite le décalage et la désespérance. En effet, l'explication purement abstraite en ne permettant pas de mieux s'adapter, accentue son impression d'être stupide car on a sauté l'étape perceptive, qui permet de comprendre concrètement de quoi l'on parle.

On comprend alors que, soumis à ces différentes influences, le sujet ne veuille plus chercher à s'adapter et que la mort soit préférée, car s'adapter au sens restreint de « durer » ne peut suffire : il est des durées qui sont pires que la mort, ce sont celles où la conscience d'être ne pouvant plus s'alimenter des relations nécessaires avec l'entourage devient une conscience de « n'être pas ».

Le conditionnement lorsqu'il se passe de la conscience[4], ne répond pas à deux besoins fondamentaux :
1. celui d'activité, dans laquelle la conscience des buts est essentielle pour se mouvoir ;
2. les attentes narcissiques.

Le besoin d'activité

Sous sa première forme, le mode d'existence de la conscience, comme conscience de quelque chose, est annihilé lorsqu'il n'y a plus de « quelque chose ». Ce résultat est obtenu lorsqu'il ne reste qu'un corps, dont l'exercice mécanique ne peut justifier un désir suffisant à vivre. Le système de stimulation peut se décrire ainsi en enfermant l'homme dans l'animal :

STIMULUS ————————————> RÉPONSE

Ce système s'inscrit alors dans un déterminisme qui refuse au sujet la possibilité d'être actif dans la recherche de ses solutions propres. On peut même se demander si l'entreprise, non avouée, de ces conditionnements, n'est pas de faire disparaître la notion même de conscience, afin que le sujet, incapable de prendre des responsabilités, ne devienne parfaitement obéissant.

Les tendances passives profondes, présentes en chacun de nous, peuvent alors se réactiver au contact de cette autorité extérieure qui croit tout connaître. Cette forme de savoir absolu mène à la disparition du sujet en tant que facteur causal, car le sujet ne devient cause de ses actes que :
— lorsqu'il peut d'abord agir à sa manière ;

_____

4. Nous rappellerons, pour les spécialistes, que Pavlov ne nie pas la nécessité de la conscience à l'inverse de Watson.

— quand, par les corrections qu'il introduit, il caractérise « sa touche personnelle ».

Ces deux conditions sont nécessaires à l'existence d'une activité interne qui s'oppose à la simple copie de modèles, qu'on trouve dans l'apprentissage par dressage. Enlever cette possibilité d'expression amène le sujet à se laisser conduire en accentuant ses tendances passives. Cette accentuation est la conséquence de certains regards qu'on pourrait croire, à tort, caractéristiques de l'ensemble du champ biologique. Certains de ses représentants, comme K. Goldstein, nient ces systèmes de causalités linéaires. Ils supposent avec Jordan[5] que la vie n'est possible que grâce à un système de facteurs harmonieusement groupés « et cela y compris pour les domaines les plus simples comme le passage de l'oxygène à travers les alvéoles pulmonaires ». La seule explication physico-chimique ne vaut qu'à courte portée.

Tolmann[6] dans le cadre d'un néo-behaviorisme, permettrait de sortir de cette absence d'activité ou d'initiative, en montrant l'importance de la recherche d'un but. Cependant si cette recherche d'un but reste extérieure aux intérêts du sujet, elle ne pourra pas davantage alimenter ses actes de conscience. C'est pourtant ce qui se passe lorsque les objectifs des services sont orientés vers le gîte, le couvert, la toilette ou la recherche « d'activisme ». Ils ne permettent pas plus qu'auparavant le maintien d'une activité interne se différenciant de la simple copie de modèles extérieurs.

Les attentes narcissiques

L'unique satisfaction des besoins physiologiques ou de sécurité, lorsqu'elle vise le gîte comme un simple logement, ne permet pas d'en faire automatiquement un foyer. Ce dernier terme concerne un lieu d'où rayonne la chaleur. Symboliquement, le foyer comme point central d'où rayonne quelque chose est autrement plus important qu'un espace abstrait. Or, il ne suffit pas que des objets soient amenés du domicile pour recréer un foyer. Encore faut-il, au minimum, que leur disposition obéisse à l'ordre personnel.

5. Jordan, *dans : La structure de l'organisme*, K. Goldstein, Gallimard, 1985.
6. Tolmann, *dans : Existence et subjectivité*, G. Thinès, Editions de Bruxelles, 1991.

Les attentes narcissiques, l'amour de soi peuvent être insuffisamment satisfaits sous une autre forme. Nous noterons avec E. Enriquez[7] comment les soignés peuvent être utilisés par les soignants :

— les soignants peuvent « oublier » les soignés en ne parlant pas de certaines personnes ou en substituant leur parole à celle des soignés ;

— les soignés peuvent faire les frais des conflits de statut et de perspectives d'action. Ils subissent alors un processus de morcellement, éprouvant directement la violence de l'institution incarnée par la rivalité et l'affirmation narcissique de ses membres.

L'espace abstrait, l'oubli, la substitution, l'affirmation autocentrée de l'entourage, visibles dans la constitution des « blocs soignants », nous intéressent ici parce qu'ils risquent de produire une rupture de réalité entre le sujet handicapé et le monde social. Cette rupture, nous la noterons comme un déracinement. Elle s'accentue lorsqu'un ordre social imposé confirme la réalité de ce déracinement.

L'institution, structurée en ce sens, secrète de l'angoisse. Celle-ci s'ajoute à celle que le vieillissement ou le handicap ont déjà favorisée. Les acteurs sociaux, s'ils doivent se protéger de ces différentes sources d'angoisse quitteront alors le domaine des valeurs de référence favorables à la relation d'aide. L'anomie, par la violence qu'elle induit, peut alors accentuer l'impuissance à comprendre le sujet fragile.

La lutte pour qu'une conscience existe chez le sujet handicapé, au-delà de ce narcissisme de l'entourage, nécessite les possibilités :

— d'exister selon un ordre qui est le plus proche possible du sien, qui est naturel ;

— d'éviter l'excès de « dévotion maternelle », dans laquelle la prise en charge apparaît telle que la conscience n'est visible que dans l'entourage. La rupture entre la décision et l'action se réalise alors sous une forme de prise en charge suspecte où les conduites de maternage qui la constituent représentent l'ouverture au processus homéostasique dans lequel le sujet est équilibré pour sa survie. Le conditionnement par la disparition de l'activité consciente ne permet pas que les conduites du sujet

---

7. E. Enriquez, « Rapport au travail et pratiques psychosociologiques », *Connexions*, n° 24, Epi.

apparaissent comme importantes à ses propres yeux, ni à ceux d'autrui.

La vie, en se distinguant de la survie, doit au contraire se caractériser :
— par un élan vital attiré vers une nouvelle forme d'existence ;
— par une activité circulaire qui produit un être et le maintient identique à lui-même dans le temps ;
— par une inversion dans laquelle cet être ne se rapporte plus à l'activité qu'il a produite, mais rapporte cette activité à lui-même.

La résolution du paradoxe apparent entre élan vital et continuité doit se comprendre ainsi : « On dit qu'à quatre-vingt-dix ans, l'élan vital a disparu », cette approximation est à réviser. C'est au contraire un dynamisme certain qu'il faut noter, celui qui a permis de vouloir vivre jusqu'à cet âge, malgré une résistance plus grande de la matière (les escaliers n'ont-ils pas des marches plus hautes ?).

Chapitre 4

L'ordre confus

La distinction entre besoin et valeur

A.M. Guillemard[1] critique avec justesse la confusion qui est faite entre le vieillissement individuel et le vieillissement invoqué par la société dans lequel le travail des plus de 55 ans apparaît déjà comme superflu. D'autres confusions altèrent la perception que l'entourage a du sujet vieillissant. Elles mènent également à la disparition des activités conscientes.

Il suffit que l'ordre mis en place privilégie l'excès de sécurité. Il rend alors inutile la recherche de buts, l'exploration de l'espace, du temps et des relations humaines, « parce qu'on fait tout pour le sujet » c'est-à-dire à sa place. Alors se crée un monde, certes tranquille, mais dépourvu d'attrait et d'une certaine forme d'avenir. Ce monde est le résultat d'une confusion entre les besoins d'homéostasie, définis par Cannon[2] à propos des métabolites organiques, et la vie de relation. Un abus du raisonnement analogique en est responsable[3].

Lorsque cette forme de logique s'applique sans mesure, des erreurs graves peuvent se produire pour l'avenir de la personne. L'homéostasie concerne les données physiologiques tandis que les relations engagent la personne dans son ensemble et en particulier dans des domaines où la tension, la confrontation à

---

1. A.M. Guillemard, « Emploi, protection sociale et cycles de vie : résultats d'une comparaison internationale de sortie anticipée d'activité », *Sociologie du travail*, XXXVI, Dunod, 1993.
2. Cannon, *Physiologie humaine*, Mac Graw Hill, 1989.
3. Le raisonnement par analogie s'appuie sur une certaine ressemblance entre des éléments de la réalité qui diffèrent par ailleurs.

l'autre animent les activités de conscience, d'intentionnalité et de recherche de valeurs. Lorsque l'excès de sécurité devient le motif principal des relations d'aide, le manque nécessaire à l'action est supprimé. Or, il est souhaitable de comprendre que :

— l'être humain ne se meut que pour obtenir ce qu'il n'a pas, ce qui est caractéristique du manque ;

— la confusion entre l'excès de sécurité relationnelle et le milieu physiologique conduit à laisser le sujet en repos car on croit qu'il doit être dans un état d'équilibre semblable à son propre milieu interne. Ce dernier possède, en effet, des caractéristiques autocorrectrices permettant de maintenir les constantes métaboliques dans des limites acceptables.

Le comportement intentionnel n'obéit pas aux mêmes lois. L'oublier c'est, comme le note K.W. Schaie[4], placer l'individu dans une situation où la non-utilisation de ses capacités mène à leur disparition. La psychologie génétique nous montre, en ce sens, que l'être humain a besoin de rencontrer des situations impliquant un déséquilibre et s'opposant à l'état de repos. La résolution des problèmes, ceux de la vie, se situe dans la suite logique de situations de déséquilibre. Celles-ci doivent apparaître comme nécessaires pour que le sujet puisse s'exprimer selon ses aspirations propres.

Le terme de déséquilibre peut s'entendre littéralement ou symboliquement.

1. Le premier sens concerne l'équilibre en tant que lutte contre la pesanteur. On sait qu'un sujet, d'un âge indifférent, qui reste trop longtemps allongé, ne retrouve pas immédiatement la capacité d'ajustement postural lorsqu'il se met debout de nouveau. Les vertiges, l'impossibilité à rétablir son équilibre démontrent, au niveau corporel, combien l'être humain doit nécessairement mettre en œuvre ses capacités pour les conserver. S'il n'a pas à lutter contre les déséquilibres que la vie impose, qu'il soit en marche, ou assis, la fonction de régulation de la posture s'atrophie.

2. Le second sens, symbolique, concerne, cette fois, le processus par lequel le sujet s'équilibre avec son entourage. Dans cette dynamique, les « déséquilibres » sont nombreux. Ils correspondent à la recherche des solutions que nous évoquions. Ici la

---

4. K.W. Schaie, « Le vieillissement s'accompagne-t-il nécessairement d'une baisse des fonctions cognitives ? », *Alzheimer actualités*, n° 39, 1989.

notion de déséquilibre ne doit à aucun moment être confondue avec la notion de désadaptation, dans la mesure exacte où le degré de déséquilibre doit être tel que la recherche de solution reste à la portée du sujet.

Le milieu trop sécurisant décide souvent à sa place ou bien, avec les meilleures intentions du monde, anticipe sur les désirs du sujet qu'il supprime alors. On sait, avec précision, que de telles conduites appliquées par la mère envers son enfant tendent à le rendre psychotique. Qu'en est-il du sujet âgé ?

L'excès de calme tend à rendre impossible l'éventualité d'intentions, parce que le temps se limite au présent. Or, une situation dépourvue d'avenir est aussi une situation sans intention. Dans celle-ci l'ordre de la tranquillité domine.

La confusion entre physiologie et psychologie est entretenue par Maslow[5] : « Les éléments nécessaires à l'individu afin de maintenir son homéostasie physiologique et psychologique peuvent être hiérarchisés. Cette hiérarchie est plus ou moins essentielle à la survie ». Suit un récapitulatif de ces besoins qu'il situe dans l'ordre suivant :
1. les besoins physiologiques ;
2. les besoins de sécurité et de protection ;
3. les besoins d'amour et d'appartenance ;
4. les besoins d'estime de soi et d'autrui ;
5. les besoins de se réaliser.

Pratiquement, cette « hiérarchie des besoins » est acceptable en cas de maladie. Elle nous semble suspecte, du point de vue méthodologique, lorsqu'elle est appliquée à l'être humain en dehors de ces périodes où il a besoin de calme. La confusion entre vieillesse et maladie conduit à la création d'un monde où il ne se passe plus rien.

La centration sur la notion de besoin doit être critiquée dans un deuxième sens car on peut énoncer une infinité de besoins. Sans tomber dans cet excès, Kalish[6], par exemple, proposait d'adjoindre, à la liste de Maslow, les besoins spirituels. Ceux-ci nous semblent en effet aussi importants, qualitativement parlant, que d'autres.

La notion de besoin, comme le souligne J.P. Resweber[7], « rabat le désir à l'intérieur des frontières de l'échange et de la comptabilité ». Comme la relation ne relève pas du quantitatif

5. A.H. Maslow, *Toward a Psychology of Being*, Rheinhold, 1968.
6. B.A. Kalish, *The Psychology of Human Behavior*, Wadsworth publishing company, 1977.
7. J.P. Resweber, *La philosophie des valeurs*, PUF, 1992.

mais du qualitatif, la notion de valeur doit être préférée. Selon Winnicott[8], elle se réfère à notre milieu culturel. Elle en est à la fois la fin et le moyen.

H. Jonas[9] souligne, pour sa part, que ce sont les moyens employés qui définissent les fins. Cette manière de voir nous semble tout à fait intéressante en ce qu'elle attire l'attention sur la dimension humaniste du problème : les finalités ne doivent pas, ainsi, être posées abstraitement, indépendamment du sujet et de son entourage. L'attention portée aux moyens mis en œuvre permettra, au contraire, de donner existence à des responsabilités. Cette situation apparaîtra naturellement si les moyens mis en œuvre ne sont pas définis en dehors du contexte relationnel et de l'écoute active du sujet.

La démarche technique, visant une finalité matérielle trop définie, tend à privilégier les fins, les résultats, par rapport aux moyens. Ces derniers ne provoquant pas l'attention nécessaire, le sujet disparaît sous l'arsenal technique.

En ce sens, la prise en compte des seuls « besoins » ne nous permet pas de différencier fins et moyens à l'opposé de la référence à la notion de « valeur », définie par Jonas.

Pratiquement, au-delà de la notion de besoin, la notion de valeur exige un intérêt accru pour les moyens mis en œuvre. Le temps sera utile, en ce sens, d'abord parce que les références au temps sont généralement sous-estimées. Le temps, en tant que durée, est pourtant un facteur important pour sortir de l'homéostasie relationnelle.

TEMPS

Passé   **Présent**   Futur

————————————————————————>

Schéma 1

L'expérience nous montre que le temps s'écoule d'une manière irréversible du passé vers l'avenir. Lorsqu'une rupture se produit (liée par exemple à un choc émotionnel) le temps s'arrête.

---

8. D.W. Winnicott, cité par J-P. Pesweber, *La philosophie des valeurs*, PUF, 1992.

9. H. Jonas, *Le principe responsabilité*, Le Cerf, 1990.

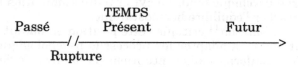

Schéma 2

Le sujet n'a plus, spontanément, à sa disposition que deux solutions extrêmes : la répétition du passé ou la mort.

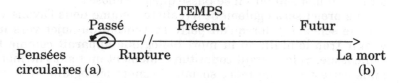

Schéma 3

(a) Dans la pensée circulaire le processus de rupture joue le rôle d'un mur infranchissable. Celui-ci ne permet pas d'accéder au présent. La pensée tourne en rond sur les mêmes thèmes du passé en épuisant l'individu qui, par l'impossibilité à trouver des significations dans le présent, ne conçoit pas d'autres horizons.

(b) Lorsqu'on parle de l'avenir, la seule dimension qui soit immédiatement perceptible au sujet concerne la mort. Celle-ci est même souhaitée par lui. L'entourage évite alors de parler d'avenir. La richesse des communications en est atteinte. Elles perdent leur dynamisme et le monologue ou la relation technique s'imposent parce que l'avenir paraît bouché.

Dans une situation dramatique comme celle-ci, proche de la maladie, on pourrait croire que le maintien de l'homéostasie serait le moyen essentiel pour que les motivations du sujet puissent se régénérer. Cela se produirait alors dans un processus de réduction de tension.

S. Freud[10] avait prôné une telle voie. Sous l'angle énergétique, il concevait l'action comme la décharge d'un surcroît d'énergie produisant le plaisir. En d'autres circonstances, l'ap-

---

10. S. Freud, cité par J. Nuttin, *Théorie de la motivation humaine*, PUF, 1991.

pareil psychique tendra à éviter toute stimulation afin de ne pas perturber l'équilibre homéostatique.

G. Bateson[11] critique cette position en notant que Freud visait alors « à adapter les processus psychologiques pour qu'ils soient conformes aux conceptions de la physiologie ». Le recours à des analogies physiologiques (comme l'incorporation) devient ainsi fréquent, même pour expliquer des phénomènes complexes comme la motivation.

Dans le cadre du processus homéostatique, il n'est donc pas étonnant de voir le sujet s'anémier relationnellement en même temps qu'il prend du poids ; la prise de nourriture devient en effet le seul moment où « il se passe quelque chose ».

Le projet sera également irréaliste, comme nous l'avons vu avec le schéma 3, lorsqu'on porte l'attention du sujet vers un avenir trop lointain où la mort biologique apparaît comme la seule issue. Si le présent constitue également un temps de mort, mais cette fois-ci de mort sociale, la mort biologique sera revendiquée comme la seule échappatoire possible.

L'articulation entre le présent et le futur relève du futur proche. Sans en avoir forcément conscience, nous sommes constamment imprégnés de cette dimension de non-existence. Elle ne provoque pas le même niveau d'angoisse que le futur lointain, parce qu'elle s'appuie sur le présent : les contacts avec les objets, les relations avec les autres humains permettent alors de se sentir exister concrètement.

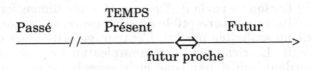

TEMPS

Passé   Présent   Futur

futur proche

Schéma 4

Ce futur proche est le moment adéquat où la situation de déséquilibre permet à un avenir, autre qu'une simple copie du présent, de se produire[12]. Ce temps de relation immédiate fournit des occasions d'exister, s'il apporte des satisfactions, c'est-à-dire s'il ouvre le champ des possibles.

Rien de complexe à ce propos. Une personne hémiplégique a des difficultés le matin pour beurrer sa biscotte. On tend à faire

---

11. G. Bateson, *Communication et société*, Le Seuil, 1988.
12. Il ne constituerait alors qu'une répétition des mêmes routines.

cette opération à sa place, en visant prioritairement la satisfaction du besoin physiologique[13]. Une perception plus précise du problème montre qu'en fait le beurre est trop dur (!) et casse la biscotte lors de son application.

Une première solution consisterait à lu offrir du beurre plus mou. Pour des raisons hygiéniques, cela n'est pas toujours possible. Une deuxième solution s'offre alors : donner des tartines au sujet handicapé. La simplicité même du processus mis en œuvre ne doit pas cacher l'essentiel : comment le déséquilibre nécessaire correspond impérativement à un niveau de problème que le sujet est capable de résoudre. Le futur proche est ce moment où il peut se concrétiser.

Les trois schémas se conjuguent ainsi :

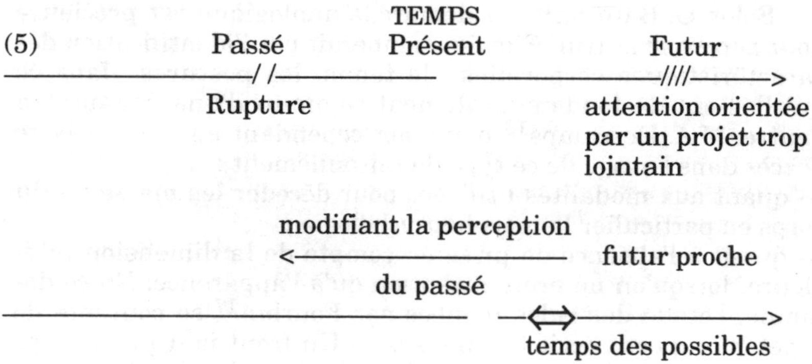

Schéma 5

La position de H. Bergson[14] notant que le futur pouvait modifier le passé est pertinente. Lorsque « le temps des possibles » est créateur de satisfactions, non hallucinatoires, mais orientées vers la maîtrise du réel, les tendances dépressives, illustrées par les phases (a) et (b) s'estompent.

En résumé, nous pouvons dire que la compréhension de l'être humain ne se fera pas en accumulant des besoins nouveaux à la suite les uns des autres. La critique de cette mise en catégorie sommaire doit au contraire nous amener à percevoir l'importance de la notion de valeur dans laquelle les finalités et

---

13. Le processus se fait presque toujours inconsciemment. Il n'est pas intentionnel au sens où il s'agirait d'une volonté délibérée d'assistanat.
14. Bergson, *La pensée et le mouvant*, PUF, 1993.

les moyens mis en œuvre doivent être utilisés avec beaucoup d'attention. L'exemple de la « biscotte » montre que :
— ces relations émancipatrices se construisent en réciprocité parfaite avec les moyens mis en place. Les fins et les moyens adéquats apparaissent alors organiquement liés ;
— parfois ces relations se construisent contre les ordres de la hiérarchie, en particulier lorsque celle-ci est trop centrée sur les finalités d'ordre. L'écoute de ceux qui souffrent doit alors s'intéresser au futur proche, dans lequel les moyens mis en œuvre feront d'autant plus appel au corporel que le handicap sera grand.

Le silence du corps

Selon G. Bateson[15], la démarche analogique est précieuse pour percevoir autrui. Elle fonctionnerait par l'identification des caractéristiques corporelles : le tonus, les postures, dans ce qu'elles ont de fondamentalement commun d'une personne à l'autre, M.A. Descamps[16] nous met cependant en garde contre l'excès dans l'usage de ce type de raisonnement :
— quant aux modalités utilisées pour décoder les messages du corps en particulier la morphopsychologie ;
— quant à l'absence de prise en compte de la dimension intérieure, lorsqu'on ne prête attention qu'à l'apparence. En ce domaine, l'étude des rides menées par Fourbin[17] se contente de répéter ce qu'ont écrit les anciens : « Un front marqué de sept lignes horizontales, dont celle du milieu est la plus large, dénonce un esprit studieux et averti. Il faut par contre, se méfier au plus haut point de ceux qui, sous un front parfaitement lisse, portent trois petites lignes horizontales à la naissance du nez, car ce sont des êtres méchants, perfides, capables de tout ».
Ces significations traditionnelles sont validées par le public interrogé. Cette confirmation tend à montrer ainsi que les perceptions d'autrui sont culturelles. Méfions-nous cependant des significations projetées sur autrui et intéressons-nous plutôt à la lisibilité du corps. L'interprétation des signes sera parfois complexe avec le sujet âgé ou handicapé. Ils n'obéissent pas aux mêmes contraintes que chez le sujet indemne de troubles. Nous

---

15. G. Bateson, op. cit.
16. M.A. Descamps, Le langage du corps et la communication corporelle, PUF, 1988.
17 . Fourbin, dans : Le langage du corps et la communication corporelle, op. cit.

devons donc éviter de traduire littéralement les expressions et mouvements comme s'ils étaient nôtres.

Tendre à la compréhension demande une attitude respectueuse. Elle n'est possible qu'en prenant en considération une différence : celle de l'autre. En voici un exemple : une dame âgée arrive dans un établissement ; elle est perdue, désorientée. Cela se traduit par un air égaré, par un pincement des lèvres, une accentuation des rides, un regard flou et une tendance à la rétraction du corps.

En l'absence de compréhension, les significations de ces modifications corporelles, qui sont liées à la situation stressante, pourraient être attribuées uniquement à l'âge. Si, par contre, on les considère comme étant la base d'un processus d'ajustement[18], ces témoins corporels de l'angoisse tendront à s'estomper en même temps que le choc émotionnel lié à la rupture occasionnée par l'arrivée. Pour cela, il faudra que le regard, les traits du visage, les postures deviennent les éléments d'un langage et ne constituent pas un état. C'est ainsi que nous pouvons entendre la notion de lisibilité du corps.

Un autre stéréotype concerne le sujet âgé. C'est celui du « retour en enfance ». Il caractérise un mode de relation où l'autre est infantilisé. Soulignons en deux aspects : la voix et le toucher.

On parle au sujet comme à un nourrisson, en éludant les articles et en rythmant la phrase d'une manière syllabique. La voix devient ainsi une mise à distance du monde adulte.

Dans les modes plus modernes de relations, le toucher est souvent mis en exergue. Sans vouloir nier son importance dans le monde sensible, il paraît cependant nécessaire de souligner que « le toucher » est privilégié comme modalité sensorielle au détriment d'autres sens. Comment cela se produit-il ? Un retour sur des notions plus générales est nécessaire pour une bonne compréhension.

---

18. Dont le détail, déjà abordé à propos du futur proche, sera précisé dans les paragraphes traitant de l'apprentissage, page 98.

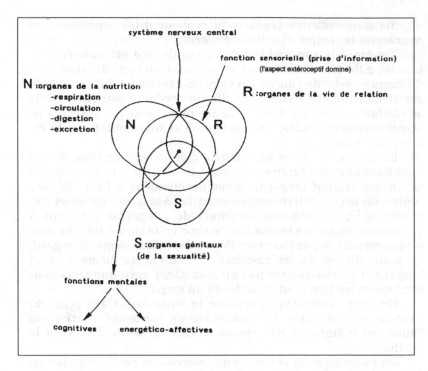

Schéma 6

Ce schéma 5 nous renseigne, selon J. Le Boulch[19], sur l'émergence et la maturation progressive de fonctions telles que la nutrition, la vie relationnelle et la sexualité.

Il est cependant bien évident que la complexité de la vie relationnelle implique la sensorialité. Lorsque la question est posée à l'entourage soignant, quant au détail des différents sens qui doivent être sollicités pour alimenter cette vie relationnelle, les réponses indiquent dans l'ordre :
— les voies visuelles,
— les voies tactiles,
— l'ouïe.

---

19. J. Le Boulch, *Mouvement et développement de la personne*, Vigot, 1995.

Il est symptomatique de constater que les données internes au niveau du corps, la sensibilité proprioceptive n'apparaissent jamais dans les réponses faites[20].

Il en découle que le corps :

1. ne peut acquérir une dimension intériorisée lorsque, comme nous l'avons vu, « l'âme » seule est importante et que le corps n'est qu'un automate ;

2. par ses réponses motrices ne peut être apprécié comme essentiel dans les projets parce qu'en ignorant l'existence de la sensibilité proprioceptive, on ignore en même temps comment le mouvement peut se construire.

Selon J. Leplat[21], cette importance est pourtant grande : « Au cours de l'apprentissage des activités sensori-motrices, les modes de contrôle perceptif changent, passant plus ou moins complètement des contrôles de type visuel aux contrôles dits proprioceptifs et kinesthésiques, qui renseignent sur la position et le mouvement des membres ».

A la suite d'un accident Madame X, cuisinière, perd le contrôle de la sensibilité musculaire au niveau de la main. Bien qu'elle reste parfaitement capable de voir les ustensiles de cuisine, elle ne peut transporter une casserole d'eau, étant dans l'incapacité de réguler le niveau du liquide et l'inclinaison du récipient par manque d'information proprioceptive.

Des phénomènes plus graves apparaîtront en cas de morcellement perceptif. Le sujet est alors dépossédé de son corps si on ne l'aide pas à relier les différentes perceptions. Le schéma 7, pour usage éducatif ou thérapeutique, introduit l'articulation entre sensorialité et mouvement.

La résistance de la sensibilité interne à la perception du corps est grande. Il est arrivé plusieurs fois que même après avoir présenté verbalement les trois sensibilités proprioceptives musculaire, articulaire et osseuse, les adultes jeunes nient farouchement l'existence de la sensibilité osseuse ! La perception d'eux-mêmes semble ainsi particulièrement déficiente.

---

20. Ce « jamais » correspond à 100 % des réponses sur ce thème.
21. J. Leplat, *Psychologie ergonomique*, PUF, 1980.

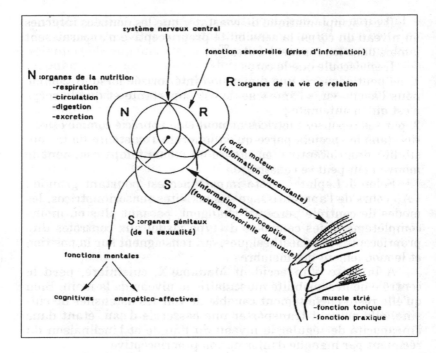

Schéma 7

Comment peut apparaître cette absence de perception de la sensibilité corporelle, entraînant ces résistances farouches ? Pour répondre à cette question, il nous faut partir de la critique de l'analogie faite entre « le silence des organes » — identifié par Leriche comme l'indice d'une bonne santé — et le « silence du corps ». Cette analogie entre les deux formes de silence est gênante surtout lorsque le sujet handicapé doit vivre et s'exprimer par le corps ! Les données extéroceptives sont alors insuffisantes pour trouver les solutions nécessaires à la vie, c'est-à-dire à la résolution des situations-problèmes qu'elle impose. La seule référence au domaine extéroceptif risque même d'entraîner une absence des déséquilibres nécessaires à la vie. Ils seront remplacés par des formes de désadaptation dont le sujet ne comprendra pas l'origine. Il ne pourra pas les percevoir pour deux raisons :
— le sujet handicapé ne peut, dans son malaise, que rassembler les bribes de son identité ;

— la source de la désadaptation n'est pas seulement endogène mais liée à un entourage qui ne s'intéresse qu'à l'apparence. L'embarras provient, en effet, de ce manque de connaissance concernant la dimension intériorisée du corps. Ce manque de connaissance est celui de l'entourage. Il oriente l'attention et l'ordre des priorités vers ce qui relève du visuel ou du tactile.

L'approfondissement de la connaissance interne doit se faire en évitant une nouvelle confusion entre les données proprioceptives et intéroceptives. Pour ces dernières, le terme de « silence des organes » est justifié puisque ces organes sont sans rapport direct avec la vie de relation. « La santé » peut-elle pour autant, être appréciée de ce seul point de vue ?

C. Dejours[22] remet en question la compétence médicale pour la définition de la santé. Pour justifier cette appréciation, qui peut sembler paradoxale, il précise que la médecine est mieux placée pour définir la maladie, car la santé ne peut se caractériser par une référence exclusive à l'ordre biologique. Elle implique un dynamisme de l'individu, dynamisme que Dejours intègre dans le champ intersubjectif.

Dans le cadre de ce dynamisme, R. Chappuis[23] souligne le rapport amoureux qui nous lie aux autres, non pas seulement dans le sens sexuel, mais aussi par la disposition à vouloir du bien à un autre que soi.

---

22. C. Dejours, « Comment formuler une problématique de la santé en ergonomie et en médecine du travail », *Le travail humain*, 58, 1, 1995.
23. R. Chappuis, *Les relations humaines*, Vigot, 1994.

III

Ordres et relations

Chapitre 5

Identité, interaction, contradiction et amour

C'est dans le face à face que se construit l'expérience éthique de la responsabilité vis-à-vis d'autrui. Lorsque dans ce face à face, potentiel, l'autre n'est pas regardé, il est enfermé dans un monde où le devenir personnel n'est plus la visée des choses. Une fragilité va en découler.

L'impossibilité de prolonger en soi le corps de l'autre, la perte des dialogues internes, des échos de la conscience où ego et alter ego se répondent, caractérisent ce monde particulier dans lequel les fonctions les plus élémentaires n'ont pas d'échos dans la conscience de l'autre. Un monde privé se constitue. Il n'est pas sans conséquences sur son insertion dans le monde.

La désorientation sociale apparaîtra dès lors que l'entourage n'attribuera pas de signification aux conduites du sujet. Celles-ci seront donc considérées par le sujet lui-même comme inutiles. Elles conduiront à ce qu'on propose « des occupations pour passer le temps ». Il ne faut pas chercher ailleurs que dans cette inutilité ressentie, l'absence de conscience qu'on note chez le sujet âgé ou handicapé. Elle découle d'une autre absence, celle de la confluence entre le sujet et le monde extérieur.

D'après K.O. Apel[1] ces significations doivent impliquer une égalité de droit. Cette connaissance réciproque dépasse le positivisme et le scientisme, « la recherche des faits et l'usage logique de l'entendement ».

---

1. K.O. Apel, *L'éthique à l'âge de la science*, Presses universitaires de Lille, 1987.

Ce n'est pas seulement la conscience en tant qu'entité qui est alors touchée, mais également les structures qui lui permettent d'exister. Le propre corps du sujet pâtit alors de cette absence de confluence car lorsque les dialogues s'appauvrissent, la relation de l'organisme avec le monde extérieur et les progrès de la conscience liés à cette dialectique interne/externe s'estompent. En même temps, l'élaboration de solution disparaît. L'équilibre entre soi et autrui sera faussé également lorsque les décisions seront toujours prises unilatéralement, en compromettant ainsi la recherche d'égalité de droit.

En dernier ressort, si l'existence du sujet handicapé n'apparaît possible que par une présence d'autrui, en soi et hors de soi, cette présence, comme le souligne Lipovetsky[2], doit être posée dans une recherche d'entente.

L'absence de violence dans la relation privilégiera alors des formes où le sujet sera libre de trouver ses solutions, même contre la volonté d'autrui. Ce dernier, s'il ne veut pas être un obstacle à l'autonomie, doit ainsi modérer ses propres désirs de toute-puissance en évitant d'imposer des solutions toutes faites. On permet alors au sujet d'être un adulte à part entière.

La lutte pour la reconnaissance individuelle doit mener à une forme de reconnaissance de l'autre où il lui soit permis d'exister selon un ordre qui est sien. Cette dynamique doit aussi éviter les excès de la « dévotion maternelle », car la confrontation au réel est le seul mode qui permette d'adhérer au monde. Privée de cette « adhérence », la personne ne réclame plus que la mort ou la dépendance. Dans ce dernier cas, la conscience, vidée de ses intérêts et prérogatives, n'existe plus que par le bon vouloir de l'autre. Le dialogue devient monologue, en particulier au niveau du corps, où la domination de celui qui ordonne s'exprime dans un espace déshumanisé et pendant un temps imposé par la technique.

Le monologue, celui du soignant ou celui du sujet déficient, limite l'ego à ses intérêts propres, à un narcissisme exacerbé d'où émergera la violence. Celle-ci occasionnera des blessures atteignant l'autre dans sa propre image corporelle.

Des modifications de la structure même du corps, parfois des rigidifications musculaires et articulaires, découleront de cette absence de relation signifiante. Cela souligne combien le mouvement est co-extensif à la relation. Celle-ci ne peut se limiter à l'ordre de la parole, car on ne saurait imaginer un être

---

2. G. Lipovetsky, *Le crépuscule du devoir*, Gallimard, 1992.

captif, ligoté, avec la seule possibilité de parler. On ne saurait davantage imaginer une personne libre de ses mouvements, mais bâillonnée. Des situations de ce type relèveraient de l'ordre de la torture. Mouvement et parole sont tous deux indispensables à la relation.

Dans de nombreuses déficiences, lorsque la parole n'est plus source de compréhension, le corps, abordé comme origine de la relation, limite les manifestations de l'angoisse. Deux voies s'ouvrent à ce propos :
1. celle favorisant les réalisations pratiques par le sujet lui-même. Dans cette démarche, ce sont les manifestations concrètes de l'existence qui permettront à l'essence de l'homme d'apparaître[3] ;
2. lorsque le handicap a modifié la structure de la personnalité, la dynamique relationnelle mise en œuvre peut alors ne rien changer aux données objectives du problème : l'hémiplégique restera hémiplégique. Elle peut cependant modifier les perspectives et relations que le sujet va adopter par rapport à ses propres difficultés, en lui permettant de s'inscrire dans un processus plus ou moins long de maîtrise du réel. Dans celui-ci, le contrôle retrouvé du corps propre jouera un élément important.

Si ces deux voies ne sont pas privilégiées, la maladie deviendra alors une façon d'être, un moyen pour exister aux yeux d'autrui et en dégager des avantages secondaires. Etre piégé dans cette relation, où la douleur devient la monnaie de l'échange, est dangereux pour les protagonistes. Distinguer l'ordre des significations permettra à l'identité de chacun d'évoluer favorablement. Deux critères seront d'abord notés à ce propos :
— celui d'intégration ;
— celui de plasticité.

En fonction du premier critère, le sujet tend à se préserver en tant qu'unité. S'il est confronté à un environnement trop complexe, un sentiment de rupture peut se créer. « L'espérance » de la mort, l'apparition de pensées circulaires[4] en constituent les formes les plus dramatiques. Elles sont inévitables tant que le milieu n'offrira que des bribes de sens.

La capacité adaptative, la plasticité relèvent du deuxième critère. Il permet au sujet de se rendre opérant dans un contexte donné. Encore faut-il qu'il se sente le droit d'être visible au regard d'autrui, sinon l'anonymat lui apparaîtra nécessaire.

---

3. Au contraire de l'idéalisme qui nie l'existence du monde extérieur et le réduit aux représentations que nous en avons.
4. Cf. page 65.

L'identité est, en ce sens, fonction de l'interaction avec autrui. Elle n'est pas, comme la psychologie classique a voulu le faire croire, une entité attachée à l'individu pris isolément. La notion de confirmation, grâce à la reconnaissance d'autrui, découle de cette forme de prise de conscience de soi par la médiation de l'autre.

D'après G. Devereux[5], la perte d'identité relève d'une destructuration de la personne dont celle-ci n'est pas capable de prendre conscience en détail. L'aliénation accompagnant cette pathologie identitaire ne correspond pas à un trouble purement cognitif, une simple idée d'un déficit.

L'identité se construit en effet :

— dans la contradiction entre des idéaux et la résistance du monde concret, entre ce qui est voulu et ce qui est possible ;

— dans la rencontre primitive avec autrui, rencontre dont la solidarité et l'amour représentent les données fondamentales. Le corps y constitue la source de dialogues essentiels. Il structure les éléments de base du « *nous* » dans lequel la liberté ne se définit pas en opposition à autrui mais avec lui. Cela est particulièrement vérifiable dans la relation d'aide avec le sujet handicapé.

L'identité doit permettre également une différenciation avec autrui conduisant à un sentiment d'être par lequel l'individu éprouve qu'il est un moi différent des autres. Cette originalité caractéristique de la personne n'est pas contradictoire avec une autre aspiration où, dans l'interaction, elle cherche à être acceptée et reconnue. L'acceptation de la différence s'oppose alors aux systèmes normatifs notés précédemment.

Sous ces différents aspects, la notion de continuité identitaire, malgré le passage des ans, prend racine dans le passé du sujet. Elle se structure par la possibilité de projets. Cette continuité identitaire s'apparente à une nouvelle perspective où l'identité correspond à l'ensemble organisé des sentiments, représentations, expériences et projets d'avenir. Au sujet de cette continuité, C. Camilleri[6] insiste sur la dimension ontologique de l'identité à l'inverse du pôle pragmatique qui, lui, est plus adaptatif.

L'identité individuelle ne peut se comprendre sans référence à l'identité collective. Dans cette dimension, la notion d'identité prescrite, c'est-à-dire celle où le sujet doit être comme

---

5. G. Devereux, *Essais d'ethnopsychiatrie générale*, Gallimard, 1970.
6. C. Camilleri, « Identité et gestion de la disparité culturelle : essai d'une typologie », *Stratégies identitaires*, PUF, 1990.

on le souhaite, nous semble particulièrement dangereuse et source de nombreuses pathologies. Cette situation peut se rencontrer en institution, lorsque cette dernière met en place des systèmes de défense qui la protègent, non seulement des dangers réels, mais aussi des plus imaginaires.

Le recours à une identité défensive devient inévitable. Elle résulte d'une situation où le sujet se protège du monde extérieur parce qu'il ne peut plus se reconstruire avec ou contre lui.

Le fait de pouvoir influer sur les êtres et les choses, de maîtriser l'environnement, relève d'une dimension identitaire aussi essentielle que celle où l'on peut parler de soi afin d'être reconnu par autrui. Cette dimension permet alors, à travers l'étoffe des réalisations, d'intérioriser le corps comme centre d'action et de relation. L'émergence d'une nouvelle identité et le dépassement des destructurations, liées à la maladie ou au handicap, en seront facilités.

La reconstruction passe d'abord par une phase où le « nous », témoin d'une vie communautaire, structure les premiers éléments de l'intériorité retrouvée. Il est essentiel de noter que le corps intérieur qui émerge alors du non-sens n'est pas d'essence intellectuelle mais sensible, et sa constitution ne procède pas seulement du psychisme vers le soma mais également du somatique vers le psychique.

On constatera un paradoxe qui doit accompagner cette intériorisation de soi-même : afin de préserver l'originalité de l'être, le corps doit aussi rester ce point de vue sur lequel je n'ai pas de point de vue. Cette préservation de la spontanéité dans l'expérience vécue ne pose pas le corps comme un objet, car il ne me devient « propre » que par l'expérience que j'en ai. Cette expérience ne peut être entièrement consciente car, si nous ne pouvons jamais le quitter, nous ne pouvons pas non plus le connaître sous certaines de ses manifestations, Husserl[7] le note : « Nul ne se voit marchant dans la tombée du soir ».

Trop souvent les tentations sont grandes de voir l'autre comme un objet. Il ne peut alors se construire une identité autre que « prescrite » ou « défensive ». En effet, dans cette situation d'objet, ce n'est plus lui qui influence mais l'entourage qui tend à l'influencer.

La réponse pathologique sera aussi inévitable si le sujet est traité, ainsi que nous l'avons signalé, comme une addition d'or-

---

7. E. Husserl, cité par B. Huisman, F. Ribes, *Les philosophes et le corps*, Dunod, 1992.

ganes. Cette rupture de l'unité personnelle est très dommageable. Paul Valery[8] le précise : « La main n'est pas seulement composée de doigts, de la paume et des espaces interdigitaux, elle est l'organe du possible ». Elle ne prend donc sa véritable dimension que par rapport à l'organisation totale de la personne.

Cette manière de situer l'individu dans le monde, rejoint l'idée de A. Leroy Gourhan[9], pour qui ce sont l'usage, la manipulation, qui distinguent l'homme de l'animal et non pas telle ou telle pièce anatomique. Cet usage et les possibilités innombrables que la main offre la font apparaître comme un instrument universel et non comme un organe à fonction unique. Mais, servant également de modèle pour la construction d'instruments mécaniques, sa structure particulière en tant qu'organe nous fait percevoir qu'elle est essentielle dans l'évolution de l'homme.

Les spécialistes s'opposent : est-ce la station debout, est-ce la main, ou le développement cortical qui rend compte de ce qu'est l'être humain ? K. Goldstein[10] nous permet d'aborder ce problème d'ordre, de l'œuf et de la poule, en ayant une vision globale. La main rend possible le modelage intentionnel de l'environnement. En ce sens, la globalité qui nous intéresse et qui est désignée par Goethe[11] comme « la chose la plus digne que l'on s'occupe d'elle, c'est-à-dire la forme humaine », correspond à cette structure de l'homme où, selon Nietzsche[12], toute pensée vient du corps. Le langage populaire dit de quelqu'un de particulièrement habile, « il a la pensée au bout des doigts ». Si la main rend possible cette habileté, ce n'est pas en tant qu'organe isolé mais en tant qu'élément d'une structure où le corps est partout présent et dans laquelle coexistent le physiologique et le psychologique.

L'unité construite à partir du corps semble déjà possible, à condition de respecter une certaine notion de l'homme dans laquelle « la forme humaine » n'est pas seulement capable de modeler l'environnement, mais aussi de s'exprimer comme le note

---

8. P. Valery, cité par R. Mas, « Le corps dans l'œuvre de Valery », *Le corps*, Bréal, 1992.
9. A. Leroy Gourhan, *Le geste et la parole*, Fayard, 1979
10. K. Goldstein, *La structure de l'organisme*, Gallimard, 1951.
11. Goethe, cité par C. Denis, « Le corps à travers le sport chez les écrivains français », *Le corps, op. cit.*
12. Nietzsche, *Ainsi parlait Zarathoustra*, Gallimard, 1971.

Nietzsche[13] : « Le corps est la référence de toute symbolisation ». Cette référence symbolique au corps dynamique se trouve dans de nombreuses expressions comme « donner corps à... », « prendre corps », « faire corps ». Elles correspondent à des fonctions essentielles de l'existence, de l'environnement, de la solidarité.

Rendre le système de communication plus facile, c'est donc s'appuyer sur la spontanéité offerte par le corps. Il est moyen de dialogue et souvent de parole. Si rendre les relations satisfaisantes est le premier pas nécessaire, il n'est jamais suffisant. Nous ne devons pas, à nouveau, confondre finalités et moyens pour y parvenir. Soyons modestes et laissons au sujet la possibilité de trouver les fins qui lui conviennent. Pour cela, il est essentiel d'aider le sujet déficient à faire le tri dans ce corps qu'il a perdu et dont il ne retrouve parfois que des traces en lui permettant d'en faire un moyen d'action. L'aide, à ce niveau, doit privilégier :
— la reconstitution de l'unité du perçu et de l'agi ;
— la distinction figure/fond dans le cadre de ses mouvements. Cette distinction permet au mouvement de ne pas être indifférencié et de favoriser l'orientation vers l'affinement et la précision des gestes.

Deux stratégies complémentaires doivent alors être mises en place en fonction de l'existence ou non de handicap. La première concerne la prévention primaire. Elle doit préserver les conduites ajustées afin qu'elles ne s'estompent pas. En effet, si elles ne sont pas sollicitées, la capacité à distinguer la figure du fond risque de disparaître.

La dimension de prévention secondaire apparaîtra lorsque cette capacité sera déjà amoindrie. Elle devra alors reconstituer l'unité des différentes données sensorielles et motrices afin que le monde apparaisse comme un tout et qu'il puisse être énoncé ainsi.

Le dialogue au niveau des corps doit, à ce niveau, interroger le sujet sur des possibilités inconscientes. Souvent, on se contente de lui demander verbalement ce qu'il veut ou peut faire. L'absence de succès de cette démarche découle du fait que la parole a perdu sa liaison intime avec l'action. C'est cette liaison qu'il faut reconstruire. Un dialogue circonstancié doit ainsi favoriser la redécouverte des gestes oubliés par le sujet.

---

13. Nietzsche, *ibid.*

Recréer les conditions d'une socialité qui, comme le dit M. Despland[14], s'écarte d'un héritage théologique poussant au dualisme et à la division, réclame des dialogues qui ne soient pas des exercices intellectuels. En effet, la constitution du « *nous* », peut ne pas se dérouler aussi harmonieusement que cela était escompté. Le corps du sujet handicapé, lorsqu'il est mal vécu, est source de négation. Celle-ci peut avoir des causes d'origines très différentes, venant du passé, comme l'usure professionnelle, venant de traumatismes comme les deuils, venant de modifications liées à l'âge ou à des aides exagérées. Tous ces éléments, parfois conjugués, font qu'il ne faut pas s'attendre à ce que le sujet, du fond de sa négation, soit accueillant. C'est au contraire cette négation que l'entourage doit accepter pour qu'une nouvelle conscience de soi puisse se reconstituer.

Toutes les perspectives ne seront pas favorables à cet effet. Celles bâties à partir de textures relationnelles seront cependant les seules menant à la socialisation. Il faut bien saisir que si les rapports du corps avec le monde sont simples, élémentaires, ils en sont d'autant plus importants, parce qu'ils constituent les marges les plus essentielles de liberté. Celles-ci ne devront donc pas être entravées par les modèles propres à l'entourage.

Des frustrations invalidantes peuvent ainsi résulter de ces privations de choix. D'autres sources, plus insidieuses, peuvent restreindre l'espace d'action et de relation : l'instauration de règles ressenties comme incompréhensibles et menant à une « socialisation » forcée, peut également créer un ensemble de contraintes insupportables.

Ces frustrations invalidantes sont sources d'attitudes de négation. L'identité s'y construira alors sur un modèle défensif dans lequel la solitude risque d'être recherchée par suite du manque de liberté accordée au sujet.

C'est pourquoi il faut préserver les premiers savoirs. E. Levinas[15] les caractérise comme une jouissance immédiate de la vie. Le sujet handicapé est hors de ce plaisir immédiat : par son handicap même, par les modes de fonctionnement des lieux. Ces derniers ne favoriseront la restructuration de l'unité du sujet que si celui-ci ne se sent pas castré dans la relation et que l'entourage lui reconnaît le droit à un égoïsme salvateur, car à l'origine d'une nouvelle vie.

---

14. M. Despland, *Christianisme, dossier corps*, Le Cerf, 1987.
15. E. Levinas, *Totalité et infini*, Le livre de poche, 1971.

Chapitre 6

Décalages

La construction d'a priori

La réussite de la relation et du dialogue est entravée par le décalage entre la théorie et l'expérience vécue, la pratique. Comment ce décalage se construit-il ? C'est ce que nous montrera l'apparition d'a priori dans ce qu'ils ont d'indépendant par rapport à l'expérience et à des vérifications.

E. Kant[1] soutient que la connaissance n'est jamais la copie de la réalité. Elle suppose une intervention active du sujet connaissant. Ceci nous semble essentiel et nous le commenterons à travers l'appropriation de la réalité comme à travers les formes d'apprentissage impliquant l'activité du sujet.

Selon G. Simmel[2], cette connaissance active n'est pas dépourvue de discordances. Elles proviennent de la différence entre les raisonnements tels qu'ils nous apparaissent et tels qu'ils sont en réalité. L'a priori est justement à l'origine de cette discordance. Il injecte dans les faits des hypothèses générales non confirmées par l'observation. La propagation des idées fausses s'y produit à partir de théories irréfutables. Ces dernières sont alors généralisées, outrancièrement, comme nous l'avons esquissé. D'autres circonstances, celles du laboratoire, ne précisent pas suffisamment que les résultats obtenus correspondent à certaines conditions dans lesquelles on étudie un trait particulier isolé d'un comportement global. On ne peut

---

1. E. Kant, *Critique de la raison pure*, PUF, 1963.
2. G. Simmel, *Sociologie et épistémologie*, PUF, 1981.

donc y percevoir les ajustements que le sujet réalise, spontanément, en situation sociale lorsque la charge émotionnelle est réduite.

Il apparaît ainsi essentiel, et avant toute généralisation,
d'examiner à quelle partie du réel s'appliquent les théories.
Revenons à présent sur les critiques concernant le behaviorisme amorcées[3] précédemment. Il est vrai que, dans certaines
circonstances, l'être humain réagit selon le système primaire :

$$\text{stimulus} \longrightarrow \text{réponse}$$

M. Merleau-Ponty[4] soutient que l'organisme se réduit alors
à un système physique lors de comportements
« catastrophiques », comme par exemple lorsque le sujet est
isolé du contexte d'action dans lequel il s'inscrit naturellement.
Hormis ces circonstances particulières, la dialectique
« naturelle » de l'être et de son entourage ne peut ainsi se décrire en termes de causalité parce qu'il faudrait que la cause
soit une condition nécessaire et suffisante de conséquences
prévisibles.

Le stimulus joue, au contraire, le rôle d'occasion[5] dans laquelle, la notion de signification a une place essentielle.

Le système taylorien et les rites quotidiens qu'il implique
favorisent-ils des occasions de relation ? L'ordre institutionnel
apparaît trop souvent comme une source de conditionnements
multiples bâtis, a priori, sur les normes de productivité technique de la société occidentale. Le fait que celles-ci concernent
ici des sujets handicapés, très âgés de surcroît, n'est pas pris en
compte par les décideurs : l'ordre des priorités est conditionné
par un système de valeurs posé a priori.

Ces a priori s'appuient ainsi sur des significations qui ne
devraient plus être ignorées des décideurs car elles engagent,
qu'on le veuille ou non, celui qui les soutient dans la dimension
éthique.

La critique de la notion de « besoin » remplacée par celle de
« valeur » peut alors se poursuivre en notant que le système de
valeurs mis en œuvre ne doit plus être ignoré de la personne

---

3. dont nous avons tracé les voies, culturellement, favorisées p. 57.
4. M. Merleau-Ponty, *La structure du comportement*, PUF, 1972.
5. Le symptôme constitue alors cette opportunité pour entrer en relation lorsque les modes plus généraux de communication ne sont plus
suffisants.

même qui énonce telle ou telle « vérité » à propos du sujet handicapé. Cette mise en ordre des données d'un problème, d'une évaluation, d'une décision, doit devenir consciente et échapper à une première forme d'a priori. Elle est liée à une connaissance naïve des problèmes. Les présupposés inconscients, alimentés par des imprégnations et des conditionnements culturels à propos de la vieillesse, risquent de « piper les dés » au détriment du sujet.

Un exemple : la passivité, attribuée à l'âge, structure certains a priori indûment généralisés, à partir d'hypothèses qui ne tiennent pas compte du sujet particulier ni des effets de l'ordre apportés par l'institution. Voici la situation classique où se produit le passage de l'a priori à la généralisation abusive valable pour tous :

— toutes les personnes âgées que j'ai rencontrées en institution sont passives (le jusqu'ici est sous-jacent) ;

— (cela suggère que) toutes les personnes âgées en institution sont passives ;

— (toutes) les personnes âgées en institution sont passives.

Il est également nécessaire de percevoir que les conduites inconscientes sont non seulement alimentées par cet effet d'ordre mais aussi par deux autres phénomènes qui compliquent grandement le problème :

1. l'ignorance de l'influence des interventions sur autrui, pouvant entraîner des perturbations. La dévotion maternelle excessive, le maternage exagéré apportent des significations imprévues[6] pour l'aidant engagé dans une optique de don de lui-même ;

2. l'efficacité de la connaissance naïve dans la vie quotidienne.

Cette connaissance naïve est à la base de l'expérience commune. Elle nous permet, dans un domaine que nous maîtrisons bien, d'anticiper en fonction d'indices partiels. Cette démarche économique nous permet de vivre sans angoisse particulière. Elle est mise en défaut lorsqu'elle concerne des domaines que nous maîtrisons mal ou que nous croyons connaître mais dont seuls certains aspects nous sont familiers. L'association « évidente » entre symptôme et troubles mène ainsi à l'identification du sujet comme dément alors qu'il n'est que désorienté. « L'évidence », en l'absence de preuves nécessaires peut

---

6. Ces significations seront en outre ignorées tant que l'entourage n'aura pas perçu les influences qu'il exerce sur le développement personnel.

conduire sans intentions particulières, à l'exclusion. E. Fink[7] souligne ce danger lorsque sont employés « des concepts non élucidés dans leur familiarité illicite. Nous croyons savoir ce que sont lieu, temps, réalité, être... nous dérivons dans l'obscurité et sommes, en quelque sorte, pris dans le cocon des manières reçues incontrôlées ».

E. Fink nous propose plutôt d'être étonnés. L'étonnement fait sortir l'homme hors de la négligence et de la paresse. L'étonnement, dans ce qu'il a de spontané, s'oppose à la routine, à l'indifférence. Faire preuve de surprise n'est pas simple lorsqu'on voit l'autre à travers les lunettes de l'habitude. Ce sont d'abord ces verres déformants qu'il nous faut enlever car, comme le soulignait Maine de Biran, l'habitude est un obstacle majeur à la perception.

L'ordre raisonnable, celui où l'on n'exclut pas le sujet parce qu'il est perturbé, doit donc commencer par une interrogation sur les croyances propres. En particulier, lorsque la pensée magique liée à l'angoisse de relation (avec le sujet perturbé) tend à s'imposer. Il est alors essentiel de percevoir que :

1. l'a priori ne concerne pas la forme du raisonnement mis en œuvre mais les prémisses, c'est-à-dire les propositions placées au début du raisonnement et qui conditionnent celui-ci. En ce sens, des idées fausses peuvent provenir d'argumentations parfaitement valides dans leurs formes ;

2. selon G. Simmel[8], le besoin de connaissance, s'il permet de donner cohérence à des sensations hétéroclites, de hiérarchiser et de chercher à satisfaire ses désirs, correspond à une mise en ordre nécessaire. De ce point de vue, ce n'est donc pas la mise en ordre en tant que telle qu'il faut critiquer mais l'ordre de ses priorités. Lorsque la mise en ordre institutionnelle prend le pas sur la mise en ordre du sujet perturbé, nous pouvons alors nous demander de quels désirs il est question, quelles satisfactions sont visées ?

L'histoire a offert des réponses différentes à ce type de question. Trop souvent c'est la position de Hume qui domine : un comportement qui n'est pas rationnel est irrationnel. L'isolement, l'exclusion découlent « de ce que l'on ne comprend pas ». Downs[9], en reprenant M. Weber et en critiquant cette conception, montre comment le sujet, soumis à une décision arbitraire, tente d'avoir un comportement raisonnable à sa manière. Il

---

7. E. Fink, *De la phénoménologie*, Minuit, 1974.
8. G. Simmel, *Les problèmes de la philosophie de l'histoire,* PUF, 1984.
9. Downs, cité par R. Boudon, *L'art de se persuader*, Fayard, 1990.

n'est donc pas seulement le jouet de passions ou d'actes de folie, catégories où l'on veut, parfois, trop rapidement l'enfermer. La rationalité subjective qu'il exprime ainsi, vise à s'opposer à une attitude dogmatique qui, se structurant à partir d'a priori, va constituer un obstacle à l'intersubjectivité. Dès lors, les possibilités de s'exprimer, ne serait-ce que dans l'opposition, s'amoindrissent.

Les données sociales et relationnelles du diagnostic médical

Laisser place à un doute quant à l'origine des troubles affectant les sujets âgés est difficile pour le médecin parce qu'il est responsable d'une décision qui l'engage aux yeux de la loi. En outre, la famille et le sujet âgé lui-même attendent du médecin que ses écrits ou ses paroles énoncent une *vérité indiscutable*.

Dans le cadre de la gérontologie, nous voudrions attirer l'attention sur la nécessité d'une *incertitude* lorsque le symptôme présenté n'est pas, par exemple, d'origine génétique mais lorsque ce sont les *conditions d'existence* qui deviennent l'élément central du problème. Faire disparaître le symptôme peut alors être une erreur, en particulier lorsque son origine dépend des formes de relations imposées par la famille ou l'établissement. C'est l'interface entre le trouble et le symptôme qui est alors en jeu. Lorsque ce dernier désigne une affection sociale, concernant les conditions d'existence, le faire disparaître mènera à ce qu'il réapparaisse sous un autre aspect.

Deux formes d'expression extrêmes nous permettront de voir comment les conditions d'existence deviennent cet élément central du problème.

L'absence d'expression — ou l'excès d'expression — chez le sujet âgé pose problème. Ce phénomène est particulièrement sensible en institution où le silence, lorsque le sujet le perçoit comme une demande de l'entourage, devient une manière de ne pas exprimer directement son désaccord à propos des modes quotidiens d'organisation, des formes de relation imposées. Le fait de ne pas extérioriser son opinion doit cependant être perçu comme une forme d'expression indirecte. Elle est souvent autodévaluatrice et conduit à ce que la plainte relative à son propre corps soit la seule parole que le médecin et l'entourage puisse entendre. *Le trouble d'organisationnel et de relationnel devient alors somatique.*

Si les seuls éléments d'informations jugés importants sont organiques, ceux qui caractérisent la dimension d'existence ne seront pas pris en compte. M. Foucault note, en ce sens, comment la médecine ferait de l'information à partir des « bruits » organiques[10] en isolant les qualités affectives de l'être humain des caractéristiques du symptôme. Il le précise ainsi : « Dans sa pratique, le médecin a affaire, non pas à un malade, certes, mais pas non plus à quelqu'un qui souffre, et surtout pas, Dieu merci, à un « être humain »... A travers ce bruit il doit entendre les éléments d'un message. Pour l'entendre, il faut qu'il se bouche les oreilles à tout ce qui n'est pas élément du message... »[11].

La lutte contre les facteurs aléatoires dans l'approche cognitive du diagnostic nécessite que d'autres éléments du message soient entendus par le médecin. Ils concernent les données sociales et relationnelles du problème et non plus seulement les caractéristiques organiques du symptôme. En s'intéressant à ces données non biologiques, il devient alors possible de comprendre comment le sujet âgé se réduit au silence afin de ne pas perturber l'ordre institutionnel. Cette forme d'ordre devant, aux yeux des décideurs, rester optimal. Ceci est particulièrement visible dans les logiques tayloriennes.

Les conséquences de ce conflit, outre la passivité et les régressions induites, concernent *l'absence de diagnostic plausible* puisque les causes et les conséquences du trouble sont insuffisamment distinctes.

Si le silence de la personne âgée est ambigu, le cri qu'elle peut émettre est signe d'une souffrance. Il mène, trop souvent, à enfermer la personne, soit physiquement soit chimiquement, afin qu'elle ne dérange pas son entourage.

Le cri ne correspond pas toujours cependant, à une causalité purement interne. Les troubles de la relation avec l'entourage signalent alors le conflit entre l'ordre imposé et l'ordre personnel. Ce dernier qui s'est composé au fil des décennies constitue une part importante de l'identité personnelle. Lorsque

---

10. « Ces bruits » sont primordiaux dans le cadre médical. Ils correspondent à un « non-silence des organes » permettant de caractériser la maladie en cause. Il serait prudent que ces éléments d'information ne disparaissent pas, étouffés sous une forme comparable à celle vue p. 68 où le « silence du corps » menait à une extinction de la vie relationnelle. La suite du texte montrera qu'il existe un risque de cet ordre.
11. Extrait du texte de référence des Etudes dirigées de médecine de l'Université de Tours en 1994-1995.

l'acceptation des règles nouvelles est trop difficile et que les demandes réitérées provenant du sujet afin d'obtenir un équilibre entre ses habitudes propres et celles du système ne sont pas écoutées, se dessine une situation paradoxale : *pour se faire entendre le sujet ne peut plus produire que des formes de bruits qui échappent à toute norme.* Le cri en est une forme. L'anomie[12] résultante perturbe gravement le système comme la personnalité des protagonistes.

Pour cerner ce système de causalités entrecroisées, il faut tenter de saisir le problème des valeurs. Comment la mise en situation d'un être privé de certaines qualités d'existence, en particulier celles liées à la capacité de décision et d'action, le conduit à ne pouvoir être que ce qu'il est et non pas à pouvoir devenir autre. Le cri correspond alors à l'enfermement dans le présent. *Il souligne que nous ne pouvons vivre qu'en étant à la fois le même et autre.*

Ces relations seront encore plus incertaines s'il n'est pas tenu compte de la *discontinuité* de la relation entre le médecin[13] et le sujet handicapé, « l'équipe » ayant, pour sa part, un contact *en continu*[14].

Cette forme de discontinuité peut être limitée si la tendance rationnelle à ne considérer l'autre que comme un objet peut être compensée par la prise en compte, plus subjective, des appréciations de l'entourage très proche. Le schéma ci-joint nous montre cette distance sociale attribuée au médecin.

---

12. Le cri devient la troisième conséquence de l'anomie. Les deux premières, pour mémoire concernent :
— le retour vers le passé, l'établissement d'une « pensée circulaire » ;
— l'espérance de la mort.
13. Les médecins libéraux lorsqu'ils viennent voir leurs clients, par exemple en maison de retraite, sont davantage à l'origine de cette discontinuité que les médecins hospitaliers.
14. Tout en tenant compte que l'équipe de soignants n'est pas un individu et que des discontinuités de nature différente peuvent y apparaître.

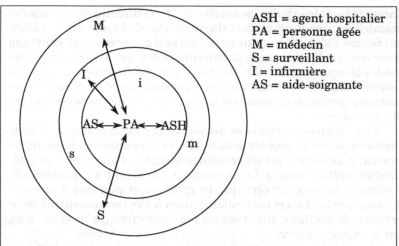

ASH = agent hospitalier
PA = personne âgée
M = médecin
S = surveillant
I = infirmière
AS = aide-soignante

Le cercle central correspond à l'environnement très proche, le second cercle à l'environnement proche, le troisième à l'environnement lointain.
Les majuscules impliquent une place reconnue par plus de 75 % des personnes interrogées.
Les minuscules notent une place occasionnelle.

Schéma traditionnel de l'équipe soignante et du médecin dans le processus de soin vu par les soignants interrogés

Cette distance sociale[15] est caractéristique du point de vue non seulement spatial mais aussi temporel, car le sujet âgé a des comportements différents lors des contacts discontinus, ce qui est le cas avec le médecin et lors des relations continues ce qui se produit avec l'équipe. Le fait qu'il soit connu différemment par les uns et par les autres est une source de richesse potentielle. Trop souvent, cette connaissance différente rend, au contraire, la communication entre l'équipe et le médecin incertaine.

En outre, si ce dernier est considéré comme « trop lointain » l'aide-soignant n'osera pas s'exprimer devant lui. Ceci compliquera singulièrement la possibilité d'une connaissance réelle du sujet âgé car seule la prise en compte des perceptions issues de

---

15. M. Personne, *Le corps du malade âgé*, Privat, 1994.

l'entourage très proche permettrait de compléter les connaissances liées à la discontinuité de la relation. Le médecin ne pourra pas, alors, par sa seule perception apporter les éléments de correction à ses propres interprétations. Elles risquent d'être erronées[16] *parce qu'il n'a pas tous les éléments de résolution du problème à sa disposition.* Il manquera, en particulier, ceux qui concernent les dimensions d'existence. La connaissance de la santé de l'autre ne doit pas isoler les conduites du sujet de leur contexte. Ce dernier est également un facteur susceptible de créer des dysfonctionnements. Ainsi la prise en compte des facteurs sociaux limitera les relations inégalitaires entre la personne âgée et son entourage.

De surcroît, la lutte contre les facteurs aléatoires du diagnostic pourra s'appuyer sur la compréhension des causes réelles des conduites anormales en rendant visibles leurs origines.

Gestionnaires et soignants : se comprendre !

Le fonctionnement optimum des établissements hospitaliers réclame une solution à un problème fréquent : les professionnels « de terrain » critiquent les décisions abstraites imposées par les gestionnaires. Ces critiques s'expriment ainsi : « Ils ne se rendent pas compte », « il faudrait qu'ils viennent sur le terrain ». Cette forme de plainte se situe en réaction à l'ordre ressenti comme voulant régenter l'humain à partir des théories. Elle souligne comment l'éloignement de la réalité sociale découlerait alors d'un mode de fonctionnement où les perceptions sensorielles ne peuvent concourir à la constitution d'images et de représentations sensibles.

Des pathologies peuvent être la conséquence de ce type de situation. Elles peuvent être caractéristiques lorsque le fonctionnement automatique et les processus de pensée sont disjoints : *on procède autrement que ce qu'on pense ou qu'on croit juste.*

D'une manière plus conceptuelle voici comment la problématique peut être posée, l'absence de communication se produisant à deux niveaux :
1. l'expérience vécue tend à rester incommunicable, or, c'est le domaine de connaissance primordial de l'environnement très

---

16. Par exemple : la perception de la démence.

proche du sujet âgé. Il est composé des aides-soignants et des agents remplissant les mêmes tâches sans avoir une formation adéquate ;

2. la théorie ne correspond que de très loin à la vie sur le terrain.

Tel est le cliché qu'on peut présenter du système d'incommunicabilité qui règne non pas seulement entre l'entourage soignant et les résidants, mais aussi entre les adultes composant la hiérarchie institutionnelle. Ce système n'est pas intentionnellement créé. Il résulte des modes d'existence professionnels et des formes de connaissance qui en découlent.

Il est alors nécessaire de préciser que pour le pur gestionnaire, se référant aux théories, l'action est un domaine davantage connu, a posteriori, par les résultats obtenus que par les modalités qui la constituent [1].

Pour l'homme de terrain, il est possible de vérifier que la richesse de son expérience vécue est souvent difficile à formuler en termes abstraits. Cela est vrai, comme nous le notions, pour les personnes composant l'environnement très proche (aide-soignant, agent de service hospitalier). Pour être traduite en formules intelligibles, la richesse de cette expérience immédiate [2] doit se transformer en chemin.

L'incommunicabilité entre [1] et [2] concerne alors le processus d'appréhension du réel concret. L'homme de terrain part de la pratique pour rendre intelligibles les situations auxquelles il est confronté. Le gestionnaire, s'il raisonne dans l'abstrait, risque d'être coupé de la réalité du terrain et de rester en chemin. *L'entourage soignant ou éducatif doit alors se plier aux théories.*

Du réel concret ———— [1] ————>

                      Intelligibilité (?)
                      du réel

                           <————[2] ———— de la théorie

Schéma 1

Le schéma 1, illustrant la construction intelligible du réel, montre comment l'attitude de chacun dépend de la manière dont il se situe lui-même dans le monde. Cette coloration subjective n'est pas toujours simple à reconnaître, en particulier lorsque le sujet se croit pure conscience objective.

La tendance à nier la réalité des autres humains, vus comme des objets manipulables, peut aboutir à la paranoïa. Certaines théories vont l'aider en ce sens en favorisant des types d'organisation qui suppriment la référence à l'expérience sensible et créent un décalage entre la théorie et l'expérience vécue. On en rencontre les effets dans l'univers gériatrique lorsque les domaines médicaux, hygiéniques et relationnels sont définis comme des entités en soi :

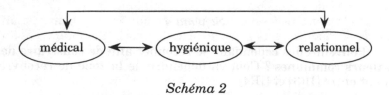

Schéma 2

Bien que certains prétendent le contraire, cette manière abstraite de présenter le problème ne permet jamais d'accorder à la dimension relationnelle une place reconnue, les priorités techniques prenant le pas sur la vie de relations. Le système taylorien constitue leur armature théorique avec ses conséquences sur cette manière *de refuser de voir les humains*. L'impression de l'entourage confronté à ce système est, en effet, de ne pas avoir la possibilité d'entrer en relation.

Les préoccupations quantitatives négligent le plan des interactions :

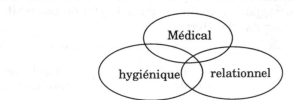

Schéma 3

Lorsque la dimension relationnelle coexiste avec les aspects techniques, l'aspect qualitatif du problème peut émerger. Le premier modèle représenté par le schéma 2 ne permet pas de caractériser les relations particulières issues de la rencontre avec le corps du sujet handicapé et dont l'aspect hygiénique offre une occasion émancipatrice. Ces cheminements différents conduisent à des formes d'intelligibilité qui ne seront pas les mêmes :

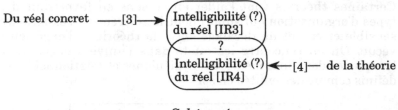

Schéma 4

Peuvent-elles cependant se recouper afin de construire des valeurs communes ? Cela va dépendre de la zone de recouvrement entre [IR3] et [IR4].

Un nouveau problème va alors se poser. Qui caractérisera les priorités à mettre en œuvre ? Le monde des intelligibles est-il donné une fois pour toutes, comme un récipient dans lequel nous aurions à puiser, ou bien va-t-il résulter de l'activité humaine ? K. Poppers[17] éclaircit ce dilemme en se référant aux bases de notre culture. Il décrit le système platonicien non pas comme dualiste, opposant le corps et l'âme, mais comme pluraliste. Il serait alors constitué par trois mondes, celui des actions ou symbole physique, celui des états subjectifs ou psychologie et celui des intelligibles, c'est-à-dire de ce qui ne peut être connu que par l'intelligence et non pas par les sens. Ces trois mondes sont-ils dans un rapport d'exclusion dans lequel on pourrait, à la rigueur, les relier par des flèches ?

Platon situait ce troisième monde comme éternel et divin. Tout un courant de pensée s'est inspiré de cette orientation. Elle est caractérisée par des formes de raisonnements déductifs, où le divin établit les lois de la nature.

---

17. K. Popper, *La connaissance objective*, Editions de Bruxelles, 1982.

D'autres philosophes, comme Locke, situent ce monde des intelligibles comme produit par l'activité humaine. K. Popper ajoute un élément : ce monde des intelligibles serait autonome. Il échapperait ainsi à notre maîtrise, même si nous découvrons des problèmes en son sein et si nous ne pouvons vivre sans être en contact avec lui. Le langage en est un exemple montrant que le schéma 4 n'existe pas seulement dans la réalité sociale mais aussi dans la conscience.

A la continuité que Piaget[18] établit entre l'intelligence sensori-motrice et l'intelligence abstraite, le linguiste Chomski a apporté une réfutation majeure en montrant l'autonomie des fonctions mentales par rapport à l'autonomie corporelle. Un sujet handicapé, physiquement parlant, peut développer des capacités mentales non seulement normales mais exceptionnelles. L'exemple de l'astrophysicien Hawking le prouve précisément.

Cette dualité fonctionnelle pose un problème réel : celui de l'unité de l'être humain. Peut-elle se réaliser à partir de ces dualités fonctionnelles que constituent le corps et les fonctions mentales ? Répondre favorablement ne peut se faire qu'en sortant de l'illusion de totalité organique dans laquelle tout est équivalent à tout. Il faut souligner, au contraire, que l'unité de la personne est une conquête unifiant des facteurs différents et permettant au sujet de rendre le monde intelligible.

Le risque est grand, à l'inverse, que la pensée se constitue indépendamment de la sensibilité à autrui, comme coupée de ses racines, et qu'elle s'administre elle-même en privilégiant les décisions et les actions sans lien nécessaire avec le contexte sensible. Les priorités à mettre en œuvre sont alors à distinguer des priorités mises en œuvre lorsque cette unification de la personnalité n'est pas visée.

Il résulte de cela que la possibilité de projets pour être acceptée par l'administration doit dépasser un seuil de résistance. K. Popper nous aide à le caractériser. Il serait constitué de ce qu'on tient normalement comme acquis dans le contexte ou selon sa formulation en arrière-plan. Il est composé *de nombreuses suppositions et théories qui ne sont pas elles-mêmes mises en question*.

Si l'autonomie nécessaire des états de pensée devient une forme de tyrannie, nous pouvons craindre, par coupure avec le réel concret et sensible, que la technocratie ne devienne maître des modes de fonctionnement.

---

18. J. Piaget, *Biologie et connaissance*, Gallimard, 1983.

L'hypothèse de J. Habermas[19] serait alors confirmée. Elle souligne, en effet, comment le pouvoir technocratique s'imposerait au-delà de toute limite raisonnable. Cette crainte est notable dans les institutions. Par suite de la perte de cohérence entre ses décisions et ses actions, l'unité du sujet ne peut alors se constituer. C'est pourtant seulement lorsque cette cohérence sera rendue possible, que nous pourrons alors réellement parler d'autonomie du sujet, quels que soient son âge et son handicap.

Détaillons cette disjonction afin d'en noter les éléments normaux ou pathologiques. Le terme autonomie, appliqué à l'indépendance du fonctionnement mental lors des activités automatiques, n'est pas criticable sous cet angle. Il correspond à une forme de liberté où la régulation posturale et automatique ne réclame qu'une attention minimum. Il le devient, par contre, lorsque l'automatisme tourne à la stéréotypie en échappant aux possibilités de contrôle de la conscience. La routine en est un exemple.

La « bonne intention » n'apportera pas plus de cohérence entre action et décision. Deux expériences nous permettent de le vérifier en situation : l'apprentissage tel qu'il est envisagé dans les services et le phénomène d'asthénie.

L'apprentissage

L'apprentissage est parfois identifié à un dressage. La répétition du même geste, jusqu'à l'obtention de l'effet souhaité, est alors de rigueur. A tout âge, on peut constater la rigidité des postures et des gestes qui découle de ces répétitions. Elle vient d'une rupture d'unité entre l'intervention du tonus dans les modalités d'exécution et la phase intentionnelle du mouvement. Chez le sujet âgé, le problème est d'autant plus dramatique que les solutions personnelles sont déjà trouvées et cela, depuis des décennies. Le conflit avec l'entourage sera alors d'autant plus important que ce dernier voudra orienter à sa manière[20] les habiletés personnelles. Or, ces dernières constituent, pour une part, la personnalité du sujet, ce qui explique la violence réac-

---

19. J. Habermas, *De l'éthique de la discussion*, Cerf, 1992.
20. La manière de faire le lit est source de conflits, lorsque le soignant, conditionné par certains apprentissages, refuse de laisser le sujet âgé organiser cette mise en ordre à sa façon. On le voit aussi parfois laisser faire le sujet âgé, parce que la hiérarchie le lui a demandé, puis défaire le lit et le confectionner, finalement, à sa manière.

tive que l'on peut constater. Cette trame de la personnalité, constituée par les habiletés personnelles, échappe le plus souvent à la conscience de l'entourage. Cela explique sans doute pourquoi il veut imposer ses manières de faire. Le respect de la personne implique au contraire d'abord, comme nous l'avons souligné, que le sujet puisse réaliser ses gestes selon les formes qui lui conviennent, ensuite que l'entourage soit conscient que non seulement la non-utilisation des capacités est source de leur disparition mais aussi que la rupture entre sensibilité et cognition crée ce monde incompréhensible.

Percevoir que l'aide passe par une reconstitution de l'unité du sujet impose un dépassement de l'apprentissage par répétition. Selon Hebb[21], l'intériorisation des schèmes d'action en est le préalable. Pour qu'une représentation mentale puisse se constituer, « le silence du corps » doit être mis en cause. D'autres valeurs, dont la représentation de ses actions par l'entourage, permettraient de différencier les moyens mis en œuvre par rapport aux fins visées. A condition que les relations ne soient pas considérées d'un point de vue purement théorique. Elles dépendent, en effet, des modes de contact entre les humains, de la maîtrise du milieu acquise grâce aux formes d'apprentissage adaptées.

Ce qui est alors en jeu concerne la capacité d'innovation de l'entourage. Celle-ci peut s'apprécier sur le schéma 5.

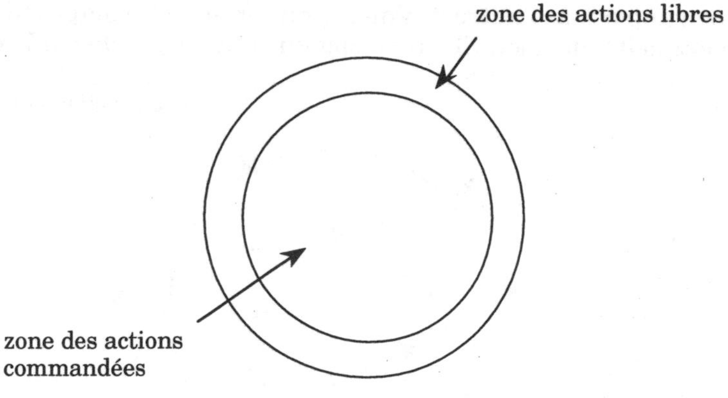

zone des actions libres

zone des actions commandées

Schéma 5

21. Hebb, *Psycho-physiologie du comportement*, PUF, 1958.

Deux aspects complémentaires peuvent ensuite être approfondis :

1. Quelle est l'ampleur de chacune des zones ? Si la zone des actions commandées constitue l'essentiel des relations quotidiennes, on peut craindre que la spontanéité du sujet ne soit inhibée, avec les conséquences sur sa personnalité qu'on peut imaginer. C'est ce qui apparaîtrait sur le schéma 6 :

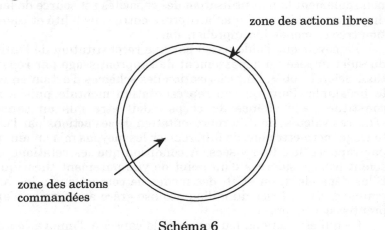

zone des actions libres

zone des actions commandées

Schéma 6

2. Quelle est l'évolution de l'importance de l'une des zones par rapport à l'autre ? Voici une prise en compte de la spontanéité du sujet. Elle correspondrait dans le schéma 7 à :

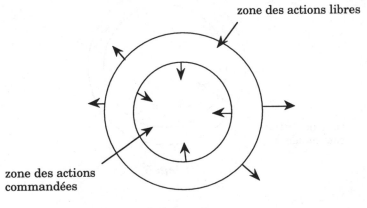

zone des actions libres

zone des actions commandées

Schéma 7

L'apprentissage par médiation, dans lequel le sujet est actif[22], est le seul chemin qui lui permette de modifier les éléments à traiter[23]. La répétition seule ne serait que l'antichambre de la chronicisation, du conditionnement ou de la désadaptation comme l'indique le schéma 8.

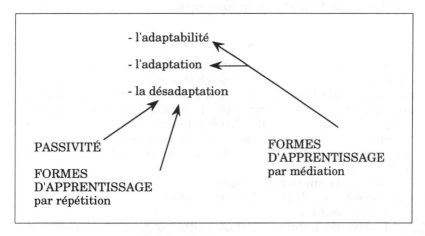

Schéma 8

Le plus difficile pour l'entourage, de ce point de vue, concerne un phénomène paradoxal : lorsqu'il se sent compétent, il tend à faire pour l'autre, en privilégiant sa manière propre ! Ce paradoxe illustre la coupure entre automatismes et intentions.

L'acceptation que les progrès ne soient pas linéaires, que les modalités de cette zone d'action libre soient à chercher en commun, découle de l'intérêt pour un sujet particulier. Elle réclame que l'intervenant consente à ce que la résolution des problèmes ne soit pas faite dans l'instant et selon le désir du plus pressé. L'acceptation d'une frustration nécessaire, celle de ne pas céder à ses propres envies de domination, doit ainsi accompagner les relations sociales. Au prix d'une maîtrise de l'impulsivité, elles offrent un plaisir différé dont l'extension des zones d'actions libres constituent le fondement.

---

22. La mise en application de cette activité s'inscrit dans ce futur proche déjà défini.
23. Cf. les formes de tolérance nécessaires page 120.

La cohérence entre l'intelligence et la sensibilité est nécessaire pour que les moyens mis en œuvre améliorent la liberté
d'être et d'agir du sujet handicapé. S'inscrire dans des valeurs
unifiantes paraît alors naturel. Celles-ci découleraient, selon A.
Senik[24], de notre manière d'appréhender le monde, à partir de
notre pouvoir de sentir et de connaître.

L'asthénie

En cas d'asthénie, il faut être très vigilant pour ne pas
« faire pour l'autre » ! L'asthénie chez le sujet âgé est en effet un
état de grande fatigue non liée à l'effort. C'est plutôt au cours
des activités de la journée que le sentiment de fatigue s'estompe. Ces dernières étant d'une aide précieuse en ce sens. Percevoir l'autre comme fatigué peut au contraire mener à une aide
inconsidérée qui se construit sur un modèle déductif dont l'hypothèse est :
— « cette personne est très âgée » ;
— « elle a besoin d'une aide importante » ;
— « je fais pour elle ».
L'attitude humaniste doit veiller à ne pas sous-estimer
l'autre. Le percevoir dans sa difficulté d'organisation et de
connaissance ne signifie pas que l'on se substitue à lui.
Lorsque le sujet est perturbé et que des symptômes évoquent une évolution pathologique, celle-ci ne doit pas être identifiée a priori comme venant d'une incapacité du sujet[25]. Les significations du symptôme ne pourront être précisées que s'il est
l'occasion de relations compréhensives. Ainsi le deuil, accompa-
gné de tendances dépressives, pourrait laisser croire que le sujet n'est plus capable de rien. « Il ne peut plus » est confondu
avec l'incapacité, dans une analogie dangereuse qui méconnaît
le travail de deuil comme un temps nécessaire à l'acceptation de
la perte.

En conclusion, l'ordre des valeurs mises en jeu est significa-
tif de l'intérêt qu'on porte aux sujets. Deux orientations nous
semblent primordiales de ce point de vue :
— l'accompagnement à la vie ;

---

24. A. Senik, « Déterminisme et liberté », *dans : La responsabilité*, sous
la dir. de M. Vacquin, Autrement, 1994.
25. Il sera rappelé que l'apprentissage de l'espace, dans une institution,
a demandé au personnel huit à quinze jours, et cela grâce aux activités
professionnelles !

— l'accompagnement à la mort.

Attirer l'attention sur les jugements portés, sur les préjugés concernant l'apparence et les incapacités du sujet est primordial afin qu'il ne soit pas enterré, ou grabatisé, avant que de pouvoir vivre.

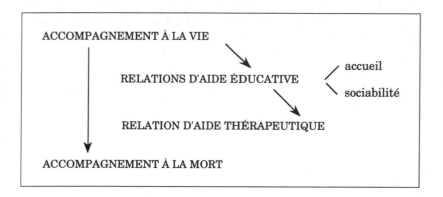

La première préoccupation, l'accompagnement à la vie, se subdivisera elle-même en deux sous-catégories concernant : les relations d'aide éducatives ; les relations d'aide thérapeutiques.

Dans les premières, se situent l'accueil, les situations d'apprentissage permettant aux sujets de trouver leurs propres solutions. Les visées préventives — primaires ou secondaires — s'y inscrivent naturellement dans la perspective d'insertion sociale où la règle doit apparaître davantage comme une préparation à l'échange que comme une contrainte.

Accepter le sujet comme il est demande un effort de l'entourage. Cela est d'autant plus important que ses conduites sont imprévisibles et sortent même des règles sociales. La phase thérapeutique, où l'on trouve des solutions à la place de l'autre, peut être une phase temporaire ou définitive. L'empressement trop fréquent à entrer dans la phase thérapeutique doit être combattu avec beaucoup de vigueur. Avant de « traiter » l'autre, l'entourage a intérêt à vérifier que les symptômes présentés ne résultent pas de mauvaises relations affectives et instrumentales.

Accepter que le sujet soit différent de soi caractérise alors une présence compréhensive et non pas seulement aimable. En différenciant ces deux phases de l'accompagnement à la vie, une vigilance extrême permettra aux conduites d'assistanat de ne pas empiéter sur l'aspect éducatif : en se dévouant exagérément, on empêche le sujet handicapé d'exister.

Cette même vigilance doit différencier l'accompagnement à la mort des phases précédentes. Eviter de confondre les formes de mort sociale et la mort biologique permettra, au contraire, de noter combien les progrès sont fonction de l'attention et des connaissances de l'entourage.

Chapitre 7

L'ordre comme composante du dialogue

Ordre et névrose

E. Fromm[1] estime que l'éthique humaniste est anthropocentrique. L'homme y devient mesure de toute chose. Il faudrait, en ce sens, connaître la nature humaine afin de déterminer ce qui lui est favorable. Nous avons déjà noté à ce propos que la priorité accordée aux besoins physiologiques était discutable tant qu'elle ne posait pas le problème des valeurs mises en jeu. Lorsque les finalités techniques sont prioritaires par rapport aux moyens mis en œuvre, un ordre dangereux pour l'identité des sujets se met, en effet, en place. Les directives issues de cet ordre anormal doivent alors être combattues sans que cela puisse remettre en cause la notion de sécurité. L'incertitude en résultant ne doit pas être créatrice d'angoisse. *Elle doit être une remise en question de ce qui est déterminé pour le sujet, à sa place.*

Il faudra ensuite aborder le problème de la jouissance que le sujet âgé peut avoir à faire travailler celui qui est payé pour cela.

Les sujets âgés et, a fortiori, ceux qui sont très âgés, aiment l'ordre. Ils aiment aussi que les choses soient rangées à leur

---

1. E. Fromm, *L'homme par lui-même*, ESF, 1947.

manière. L'incertitude[2] introduite par l'entourage, qui ne respecte pas cet ordre personnel, est d'autant plus dommageable que le sujet a des troubles sensoriels.

Une autre manière de « ranger » consiste à placer la personne humaine en situation d'assistanat. L'homéostasie relationnelle, l'anticipation des besoins conduisent alors le sujet à la perte d'utilisation de ses pouvoirs[3]. La conséquence immanquable est la névrose, où la souffrance psychique se dispute à l'anxiété et à une diminution de l'adaptation à la réalité. A leur tour, ces traits ne permettent plus au sujet de s'enrichir par l'exercice de ses propres capacités.

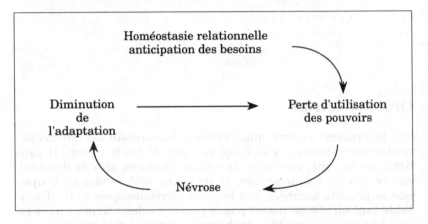

Cette dépossession du pouvoir d'agir peut se doubler d'une dépossession « de ce que j'ai ». A ce propos, la perte de l'usage de l'argent constitue une forme de dessaisissement progressif dont les modalités paraissent, à première vue, peu violentes. Il suffit de proposer à la personne de remplir son chèque à sa place pour que la voie de la dépendance s'ouvre béante, car si l'argent n'est plus utilisé, la perte de son usage se produira selon le schéma précédent. La désocialisation provient alors d'un ordre où l'intérêt financier prédomine sur l'intérêt pour la santé du sujet.

Pour le résident, l'argent est un levier lui permettant de se faire obéir. Dans le système marchand, les relations deviennent

---

2. Voir, au contraire, les conditions d'incertitude qui doivent être préservées entre le symptôme et le trouble, comme celles nécessaires à l'ajustement (le déséquilibre).
3. Elle n'est pas seulement liée à l'âge et au handicap, mais est générale pour tous.

perverties. K. Marx[4] l'exprime ainsi : « La perversion générale des individualités est ce qui les change en leur contraire, et leur donne des qualités qui contredisent leurs qualités propres ». Lorsque le résidant se masque derrière le fait qu'il paie, ce phénomène, rencontré en institution, illustre le renversement où la passivité élimine l'activité possible du sujet. Les conséquences en sont doubles :

1. elles concernent d'abord et à l'évidence l'entourage qui doit réaliser les tâches refusées par le sujet âgé ;

2. elles touchent ensuite le sujet lui-même qui, bercé par l'illusion de commander, perd en fait les éléments de sa structure (tant musculaire, articulaire que neurologique) mais aussi ses motivations potentielles à l'action, tout ce qui lui permet d'exister au sens plein du terme.

L'attitude du sujet peut être ambiguë. Il peut être partagé entre l'exercice des responsabilités et le pouvoir par l'argent. Cette dernière solution sera d'autant plus fréquente que l'institution constituera, à ses yeux, un monde étranger dont les règles complexes lui échappent.

Seule la connaissance des conséquences probables par l'entourage permettra de sortir de cette forme d'aliénation. Cette connaissance ne peut être *indépendante du sujet* parce que les êtres ont un sens avant qu'on ne le leur en prête et que les situations où il se trouve ne se résolvent en représentations. Lui-même n'a pas forcément conscience des effets de cette manipulation sur son propre devenir. Au contraire, lorsqu'elle est répétée la passivité, liée à cette délégation d'existence, se poursuivra parce que la conscience d'exister se manifestera par la jouissance de faire travailler « celui qui est payé pour ça ».

La dimension affective de ces conduites manipulatrices montre comment l'explication théorique[5] apparaîtrait insuffisante face à cette forme de jouissance. Tant qu'elle ne sera qu'une idée parmi les autres, les conduites du résidant ne seront pas modifiées. Le passage à l'être réel doit conduire le sujet à modifier la représentation qu'il se fait de sa situation au milieu des autres afin qu'une conscience de soi, bâtie sur d'autres valeurs, puisse s'élaborer. Elle pourra se faire, sur le mode de la responsabilité, si l'action du sujet est saisie comme donatrice de sens.

---

4. K. Marx, *L'idéologie allemande*, Payot, 1977.
5. où l'on se contente d'expliquer que l'activité est bonne pour la santé.

Spontanéité et inhibition

L'amélioration des connaissances doit être réciproque. Deux données préalables la caractériseront :

1. Si l'on souhaite que l'homme puisse justifier les promesses de sa naissance, réaliser ses potentialités, achever de construire sa personnalité, il est plus logique de se situer dans l'esprit de Socrate qui pensait que l'ignorance est à l'origine du mal, plutôt que dans celui de saint Augustin postulant que l'idée du mal est intrinsèque à l'homme.

2. Comme nous l'avons vu, la lutte contre la perversion des relations ne concerne pas seulement les connaissances intellectuelles. Les théories qui ne concernent que des représentations seront donc inopérantes. Trop souvent, en effet, nous croyons connaître les choses, nous leur substituons en fait des représentations par la projection de modèles culturels inconscients.

R. Roussillon[6], en notant l'existence du « non mentalisé », souligne au contraire l'importance de toute la structure organique qui n'accédera jamais à la conscience mais qui, pour autant, est essentielle à la vie et en est même la base.

F.J.J. Buytendijk[7] caractérise l'importance du mouvement expressif : c'est l'activité la plus primaire, la prise de position précédant toute action et anticipant sur l'acte lui-même. V. Von Weizsäcker, Strauss[8] ont également souligné la spontanéité du comportement en opposition au caractère passif du behaviorisme. Cette spontanéité réactive indique que la conscience et l'intentionnalité se constituent en rapport avec la globalité du sujet et non pas seulement au niveau cortical. C'est l'homme qui pense et non pas le cerveau seul. Le corps semble, alors, naturellement concerné. Le cogito cartésien en récusant le corps comme voie d'accès aux choses constitue un monde sans sujet.

Une conscience fondatrice doit donc au contraire partir du corps pour le caractériser. Nous retrouverons là toute l'importance de la spontanéité qui, via le corps, permet au sujet d'exister en tant que subjectivité. De ce point de vue, la conscience sera considérée comme concernant l'être dans sa globalité et pas seulement comme une entité psychique. Pratiquement, cette manière de voir permet de ne pas isoler les phénomènes incons-

---

6. R. Roussillon, *L'institution et les institutions*, Dunod, 1988.
7. F.J.J. Buytendijk, *dans* : *Existence et subjectivité*, G. Thinès, Editions de l'université de Bruxelles, 1991.
8. V. Von Weizsäcker, Strauss, *dans* : *Existence et subjectivité, ibid.*

cients du corps de ceux qui sont conscients, mais au contraire établir une continuité entre les deux.

Cette continuité apparaît dès lors que la conscience de soi est aussi une conscience corporelle projetée dans un temps où l'avenir peut modifier le passé. Cette orientation est opposée à la conceptualisation dualiste du corps-machine. En outre, le temps y subit le joug du déterminisme classique qui affirme, à tort, que seul le passé peut influer sur l'avenir. Ces deux éléments, corporels et temporels, placeront donc la liberté en rapport avec les échelons les plus primitifs du comportement, ceux où la spontanéité corporelle est présente. Encore faut-il pouvoir la trouver ?

Selon J. Nuttin[9], l'animal, comme le nouveau-né, réagissent fortement contre tout essai de contrainte physique ou de contention d'une partie du corps. Il apparaît alors une forte exagération des mouvements spontanés des deux jambes, en réaction à l'inhibition imposée des mouvements.

La vérification faite avec des sujets âgés, privés de choix, montre des phénomènes semblables par l'existence d'ulcères, d'incontinence et de grabatisation. Ces phénomènes, qu'on considère généralement comme endogènes, sont en fait liés à la privation de liberté de choix. A la différence des enfants, nous noterons que, chez le sujet âgé, l'inhibition n'a pas besoin de relever d'une pure contention. Elle peut être globale et concerner le système dans lequel le sujet se sent enfermé. L'inhibition est alors le fait de l'entourage qui accentue différentes formes de passivité. Elle ne concerne alors *pas seulement le mouvement mais aussi la perception elle-même*. Le sujet, empêtré dans son handicap qu'il ne peut comprendre, ne peut également devenir cause de ses actes.

Cette passivité de la perception est visible dans l'analyse husserlienne. Celle-ci nous amène, a contrario, à soutenir la thèse du *corps pensant* en opposition au sujet qui éprouve la pensée. Les expériences menées avec des sujets suspects de maladie d'Alzheimer le confirment. Elles montrent que la pensée est impuissante à compenser les détériorations au niveau des mécanismes perceptifs. Le processus de vérification de ce morcellement perceptif a consisté à mesurer le taux de glucose dans les différentes zones du cerveau et à noter que la consommation de cette substance était normale dans les zones de perception

---

9. J. Nuttin, *Théorie de la motivation humaine*, PUF, 1991.

primaire à l'opposé des zones de recouvrement qui, en l'occurrence, étaient lésées.

Pour comprendre le mécanisme de cette lésion, il faut partir de la perception primaire, celle où les qualités sensorielles sont distinctes. Deux exemples de perception vont concerner la perception visuelle et tactile.

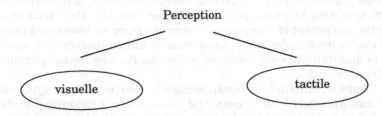

Cette perception primaire se prolonge ensuite sous forme de perceptions secondaires et tertiaires caractérisant l'objet simultanément comme vu et touché.

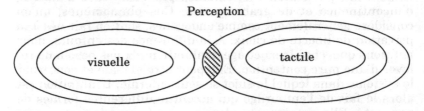

Ce sont les interréactions perceptives liées à ces zones de recouvrement (en hachuré sur le schéma) qui nous permettent de caractériser le réel comme nous le faisons.

Le morcellement perceptif ne permet plus cette mise en relation. Il aliène le sujet dans une réalité incompréhensible dans laquelle les mécanismes plus sophistiqués de la pensée, qu'ils soient de l'ordre représentatif ou réflexif, sont impuissants à compenser l'absence de cette dynamique sensorielle. Elle nous conduit, habituellement, de l'insertion dans le monde à la prise de conscience de celui-ci. L'être humain n'est donc pas une subjectivité pure, source autonome d'images et de représentations.

La préférence sensorielle — extéroceptive par rapport aux sensations proprioceptives — si elle ne mène pas à un morcellement perceptif conduit cependant à un morcellement du perçu par rapport à ce que pourrait permettre un perception unifiante. Cela touchera également le langage car, comme le dit

M. Heidegger[10], si l'unité des conduites se réalise par le langage, c'est pour nommer le monde et faire qu'il existe un monde. La dynamique sensorielle n'est donc pas étrangère à ce qui se dit : l'espace, la description des objets et des événements se réfèrent au monde de la perception et évoquent des scènes qui sont relatives au sujet présent dans le monde.

Ce morcellement concerne aussi l'action, car les phénomènes perceptifs ne sont qu'une phase de celle-ci. S'ils privilégient la modalité visuelle, le risque est grand alors que l'objet du regard ne puisse accéder à l'existence autonome. Il restera enfermé *dans son apparence*, piégé, comme le souligne R. Kaës[11], par des productions inconscientes agissant « par en dessous » sur la vie institutionnelle.

L'entourage, pas plus que le sujet handicapé, n'a alors conscience des modalités du morcellement qui affecte ce dernier.

Favoriser la dignité du sujet demande donc à l'entourage de veiller à ce que les modalités sensorielles se conjuguent pour une réelle connaissance de l'autre, au-delà du simple regard sur ce qu'il fait ou semble faire. Les phénomènes d'inhibition que nous avons notés auparavant peuvent alors donner une fausse image du sujet, celle d'une incapacité créée par les conditions d'existence. La conjugaison de modalités sensorielles doit donc se structurer dans l'action, afin que cette dernière soit source de révélations pour le sujet lui-même.

En conséquence, la démarche présente vise à éviter des « pseudo-rencontres » qui seraient caractérisées par la mise à distance et l'utilisation de modalités sensorielles limitées. La véritable rencontre implique au contraire la prise de contact physique entre individus, au-delà toutefois de la position animale. Chez ce dernier, cette prise de contact physique est source de « contrôle de l'autre » et, en notant cette position « animale », nous observons que nous ne sommes pas loin de certaines formes d'ordre institutionnel. L'humain doit pouvoir dépasser ces phases archaïques pour faire que le contrôle qu'il exerce respecte la liberté d'autrui et n'entraîne pas sa soumission ou son extinction en tant qu'être social.

Pour cela, une conscience particulière de son existence est préalablement nécessaire. Le mouvement ne doit pas concerner seulement le résultat visé. Il doit être un « mouvement-avec » induisant la relation avec l'autre.

---

10. M. Heidegger, cité par G. Thinès, *Existence et subjectivité, op. cit.*
11. R. Kaës, *L'institution et les institutions,* Dunod, 1988.

En d'autres circonstances, un « mouvement-contre », manifestant le désir d'exister à la manière du sujet, doit être perçu comme légitime. Il pourra se transformer en accord d'autant mieux que la distance subjective du soignant sera faible, mais aussi que celui-ci acceptera certaines *ambiguïtés humaines* dont celle illustrée par S. Freud dans la parabole du porc-épic[12] et par F.J.J. Buytendijk dans l'attitude du don et du retrait périodique. Ces ambiguïtés doivent être abordées en fonction du caractère des lois humaines, et non de celles qui concernent la gestion.

L'unité de la décision et de l'action résulte de la spontanéité native de cette dernière. A celle-ci doit s'adjoindre une perception, source de représentations et de connaissance. En effet, alors que les connaissances acquises sont ce qui guide notre appréciation du réel, la représentation en constitue l'élément qui nous permet de sortir du présent pour constituer la dimension intentionnelle. Elle est orientée vers ce qui n'existe pas encore, vers le futur.

L'ordre intérieur

L'homme naturel, dont la spontanéité semble native, est-il dissous dans l'homme social habitué à un certain ordre ? Opposer ces deux notions risque de ne pas permettre à l'entourage de prendre en compte la continuité de l'existence car si l'on dit « que le naturel revient au galop », c'est en fait pour souligner qu'il est toujours présent. Mais jusqu'à quel âge ?

Cette continuité, existant à tout âge, entre ces deux états, naturel et social, est bien illustrée par l'exemple d'un peintre du XVIIe siècle, Bellini. Il a réalisé, pendant une partie de sa vie, des peintures assez stéréotypées, où la noblesse de cour était seule représentée. Vers quatre-vingts ans, ce peintre a commencé une carrière créative. L'homme naturel s'est alors exprimé... sur le tard ! En termes plus généraux, nous pourrions dire que l'homme, dans son expression sociale, ne livre pas tout ce qu'il est capable de réaliser, potentiellement, naturellement, au moment où on le croit.

Les formes d'ordre mises en place doivent tenir compte de ce que notait J.J. Rousseau : l'homme se distingue de l'animal non seulement par son intelligence mais par la liberté. Cette

---

12. Où l'on se rapproche de l'autre dans une certaine mesure et où l'on s'en éloigne mais pas trop !

dernière se caractérise comme une capacité à se perfectionner, à aller au-delà du donné. La faculté de « dénaturation » consiste en ce que l'homme peut se rendre différent de ce qu'il est par nature pour instituer un ordre nouveau, un ordre capable de sauvegarder ce qu'il y a d'essentiel en lui face au hasard, au contingent. L'ordre se composant à partir des particularités individuelles n'est plus un ordre abstrait comme celui qu'aujourd'hui les moyennes statistiques nous assènent.

Cette manière de voir l'homme s'est opposée, en son temps, à la pensée chrétienne. Au Moyen Age, celle-ci est plus particulièrement marquée par la mort. C'est elle, alors, qui nous apporte la liberté. L'héritage théologique[13] ne favorise-t-il pas ainsi certaines conduites d'accompagnement à la mort au détriment d'un accompagnement à la vie[14] ?

J.J. Rousseau se différencie de cette forme de pensée qu'on trouve dans l'Antiquité grecque chez Platon mais également chez Kant qui n'accorde vraiment de valeur qu'à une partie de l'homme : la raison. Pour Rousseau, c'est l'homme physique et moral qui est digne d'intérêt.

Il faut préserver, à travers les conditions de vie, le dynamisme et l'indéterminisme nécessaire pour que des décisions soient prises. Ce qui implique, pour qu'autrui puisse être source de causalité propre, que le sujet ne soit pas placé à l'extérieur des structures qui prennent les décisions. Ces dernières ne doivent pas seulement concerner le conseil d'établissement. Elles doivent prendre en compte, d'abord, les actes quotidiens les plus simples. Si les décisions ne s'inspirent pas des nécessités de ce niveau immédiat de la vie, en étant favorisées par une attitude d'écoute de l'entourage, ce n'est pas dans les instances officielles que le sujet âgé pourra le mieux s'exprimer. Si d'aventure il en avait l'occasion, il en aura perdu la capacité ou craindra d'essuyer les conséquences de ses choix, une fois les routines quotidiennes réétablies. Surtout s'il ne ressent pas ce pouvoir de décision momentanée comme authentique.

L'élément primordial consiste, dès lors, à transférer les modalités de contrôle de l'extérieur vers *l'intériorité du sujet*. La remise en cause d'un ordre abstrait, idéal nous écartera donc des modèles tout faits, pour favoriser des ajustements personnels qui préserveront les contacts avec la réalité sensible.

---

13. Voir page 83.
14. Voir l'ordre : de l'éducatif au thérapeutique, p. 104.

Dans le cadre de l'apprentissage, lorsque celui-ci offre plus d'autonomie et s'inscrit alors dans une démarche éthique, nous avions vu qu'il ne fallait pas confondre les buts et les modalités des réalisations, car la vision de finalités trop précises occultait les modalités d'action du sujet. Cette notion est essentielle d'un autre point de vue. Les modalités du geste, les manières de faire sont les composantes du dialogue dont plusieurs éléments sont à relever :

1. L'intérêt porté à la façon dont le sujet réalise ses gestes est une manière de le connaître.

2. L'immédiat et le médiat doivent s'y rencontrer par la coexistence du corps et des fonctions mentales. L'unité de la décision et de l'action est alors possible.

3. Distinguer la vie de la survie, c'est reconnaître la liberté comme nécessaire à autrui, parce qu'il ne peut vivre autrement. Ce qui doit donc être interpellé, ce sont les a priori découlant d'autres valeurs. Les pathologies qu'on peut constater doivent être d'abord perçues comme résultant des limitations de la liberté. Les « routines » renforcent ces limitations en ce qu'elles appauvrissent les dialogues en inhibant le sujet. Des valeurs humanistes conduiront à saisir l'origine de ces inhibitions, en se mettant à la portée du sujet selon des modes compréhensibles. Les soignants jeunes doivent ainsi comprendre que le corps de vingt ans risque à cet égard d'offrir un langage moins déchiffrable, spontanément, que celui qu'il exprime à des âges plus avancés. La réciprocité de compréhension est en effet plus facile si les perspectives mises en jeu concernent un monde identique.

4. Préserver la conscience d'être, c'est ne pas enfermer le sujet dans des modèles préétablis. Alors la tentation de « ramener à la règle, de corriger » utilise à cet usage des moyens coercitifs. La notion d'autocorrection sera préférée parce qu'elle fait intervenir la conscience dans le processus de sa propre évaluation, favorable à la vie en commun. Cette conscience autocorrectrice ne se développera pas, en effet, dans un corps-instrument car, dans celui-ci, la conscience de soi n'est pas nécessaire. Ce n'est, au contraire, que dans un corps source de dialogue que le sujet pourra ne pas perdre cette partie essentielle de lui-même.

Chapitre 8

Ordre et responsabilité

La place d'autrui

« Se mettre à la place de l'autre » est une expression entendue dans les services, d'autant plus quand la souffrance semble imprégner les relations quotidiennes. Elle est dangereuse lorsqu'elle conduit à l'absence de prise de conscience de la réalité et qu'elle correspond à une identification dans laquelle fusionnent deux identités, alors que les prérogatives du pouvoir sont manifestement entre les mains de l'entourage. Ainsi, non seulement autrui a des difficultés à être perçu différent mais, en outre, il tend à n'être qu'un simple corps-objet dépendant d'une conscience étrangère.

Cette différenciation entre soi et autrui est soulignée par Leibnitz[1]. Il note que « la place d'autrui est le vrai point de vue pour juger équitablement ». L'éveil de la conscience à la réalité vécue par le sujet ne doit pas être confondu avec les relations fusionnelles. Que perçoit-on dans ces dernières : les désirs propres du sujet ou ceux qui lui sont attribués par l'entourage et qui sont les siens ?

« L'écoute » de la télévision a été ainsi imposée à quarante-sept résidants alors que trois seulement désiraient en suivre les programmes. Il est vrai que le bruit de fond, constitué par les émissions télévisuelles, permet de ne pas percevoir le silence ou d'entendre les cris. Dans l'entourage, l'absence de conscience du

---

1. Leibnitz, cité par K. Popper, *op. cit.*

désir (écouter le poste pour que ce fond sonore existe) est d'autant plus dommageable :
— qu'elle s'appuie sur une tromperie tant à l'égard d'autrui qu'à son propre usage ;
— qu'elle empêche les cris de devenir occasions de relation. Ces cris devraient pourtant être l'occasion de démarches de soins, à l'opposé de l'habitude comme échappatoire à la gêne des effets produits.

H. Bergson[2] oppose ainsi une morale close, où la domination de l'habitude limite à l'immobilité de l'instinct, à une morale de l'aspiration dans laquelle est implicitement incluse la perspective d'un progrès. Le passage de l'une à l'autre ne se fait pas sans efforts car c'est à travers les résistances de la matière que s'exprime cette poussée de vie.

Au contraire, les « réalisations closes » caractérisent des moments de stagnation. Ils correspondent chez le sujet handicapé à des périodes où la personne a une grande incertitude quant à son avenir[3]. Ces moments d'angoisse[4] doivent être abordés selon les réflexions sur l'éthique de Max Weber[5]. Il propose de distinguer l'éthique de responsabilité de l'éthique de conviction[6]. Nous postulons, en effet, que c'est par un cumul de deux facteurs que les incertitudes du sujet âgé ne peuvent se résoudre :
— la perte de responsabilité sociale ;
— le fait de se trouver gouverné par un ordre incompréhensible.

Cette dernière forme d'ordre mène, trop souvent, à une abdication de la personnalité parce que la trame de cette dernière se constitue, entre autres, *par les responsabilités que nous exerçons*. Les supprimer, c'est faire disparaître les conséquences visibles de notre liberté. L'accentuation du découplage de la conscience avec la réalité sensible va en découler.

---

2. H. Bergson, *Les deux sources de la morale et de la religion*, PUF, 1961.
3. Voir le traitement temporel par le futur proche.
4. qui, rappelons-le, sont créés, entre autres, lorsque l'ordre technique est prioritaire par rapport aux valeurs humanistes.
5. M. Weber, *Le savant et la politique*, Plon, 1969.
6. La conviction, a priori, que le sujet, parce qu'il est âgé, est incapable de tout et qu'ainsi on doit tout faire pour lui est à distinguer de la nécessaire responsabilité qu'il doit assumer pour vivre. Les éléments de cette responsabilité peuvent être très simples et concernent, au premier chef, la vie quotidienne.

Pour E. Lévinas[7], la notion de responsabilité « trace le lancinant désir de faire de l'Autre mon frère ». Le mot hébreu « responsable » comprend à la fois le mot « autre » et le mot « frère ». Il pose ainsi le problème de l'éthique. Elle concerne l'obligation où je me trouve de répondre d'autrui même si aucune loi ne m'y oblige.

En ce sens, le fait de raisonner, de mesurer ne permet pas d'établir de relation d'égalité. Il conduit, au contraire, à une séparation où autrui n'est qu'objet de mesure.

Dans l'ordre de la sensibilité, existe une autre attitude qui doit précéder toute autre mesure. Elle concerne la *sociabilité première*, celle qui relie immédiatement à autrui. Examinons, a contrario, comment l'absence de prise en compte des données de cette sociabilité première est invalidante. L'influence de la *pression temporelle* dans la relation de face à face est exemplaire de ce point de vue.

Le sujet très âgé ou handicapé ne peut se mouvoir plus rapidement que certaines limites physiques ne l'y autorisent. Que se passe-t-il lorsqu'il est contraint de se mouvoir trop rapidement, parce que l'entourage est pressé ? Un phénomène de désynchronisation[8], pernicieux quant à la préservation de l'unité de la personnalité, se produit. L'agressivité ou la passivité, le repli sur soi, certains phénomènes de régression résultent d'une situation aboutissant à des mouvements désynchronisés.

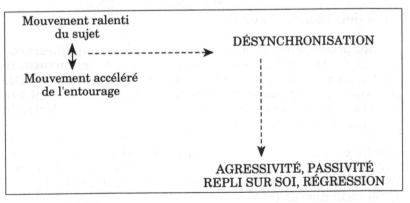

7. E. Lévinas, cité par M. Baum-Bothol, « Après vous Monsieur », *dans : La responsabilité*, sous la dir. de M. Vacquin, Autrement, 1994.
8. Ce concept a été présenté originellement dans le cadre gériatrique dans le livre *Soigner les personnes âgées à l'hôpital*, Privat, 1991. L'analyse plus complète a intégré, également, la notion de charge de travail qui y était liée.

Les effets de la pression temporelle montrent que le temps que nous avons abordé en tant que durée est maintenant vu comme rythme. Ainsi, la violence est manifeste dans la rencontre du corps jeune et du corps âgé lorsque ce dernier, ralenti, ne peut modifier certaines actions qui se réalisent à son encontre. La routine peut, certes, être une cause partielle de ces effets dévastateurs. On peut cependant les caractériser plus finement en voyant comment certains états de conscience, égoïstes, ne laissent aucune place à l'Autre.

E. Lévinas attire notre attention sur cette inégalité où ce qui n'est pas soi (l'autre) est en gestation. Le vieillissement est exemplaire de ce point de vue. Non seulement parce que nous y devenons « autre » mais surtout parce que des multitudes d'images négatives font que ce changement n'est pas perçu comme profitable, attachés que nous sommes à l'adéquation du « Moi » avec lui-même. Comment alors nous comporterons-nous avec l'autre, le vieillard, *que nous refusons en nous-mêmes ?*

L'impasse est sans issue (!) tant que le sujet n'a qu'une attitude d'extériorité par rapport à lui-même. L'attention portée à l'apparence, l'absence de sensibilité aux organes de la motilité, ne favorisent, alors, aucune prise en compte des fragilités particulières chez autrui. Ce sont pourtant ces « fragilités » qui sont occasions de transcendance dans la mesure où elles permettent de s'affirmer réciproquement.

Le sujet, facteur causal

Respecter, c'est prendre en considération une différence : celle de l'autre. Une mise en ordre préalable est donc nécessaire chez celui qui veut accroître la liberté du sujet handicapé. Elle doit viser la connaissance de registres différents, dépendant à la fois des domaines sensible et cognitif, afin que se pose l'unité de celui qui aide le sujet handicapé.

En s'alliant, science et sensibilité permettent alors d'atteindre ce modèle interne construit sur la coexistence des données rationnelles et irrationnelles. Cette démarche, continuatrice de celle de G. Bachelard, sera envisagée dans l'optique de la réconciliation de l'être avec lui-même.

La référence à la conscience sensible permettra de ne pas plaquer une impression « toute faite » sur la réalité particulière du sujet. Pour leur part, les données objectives permettront de ne pas limiter l'attention au domaine des pures intuitions qui s'essoufflent en l'absence d'appui sur des connaissances.

La notion de rationalité subjective avait déjà été signalée comme une forme de cette réconciliation. Il devient possible d'affiner cette dernière notion en examinant comment la biologie moderne et la philosophie s'appuient sur des valeurs communes.

La notion d'arrière-plan évoquée précédemment avec K. Poppers[9] apparaît dès lors primordiale. Celui-ci souligne, en effet, que cet arrière-plan est constitué de nombreux présupposés. Le plus handicapant s'appuie sur la négation de l'autre, en tant que sujet réel, dont la réalité ne peut s'affirmer dans chaque moment de l'existence. Il faut admettre, en effet, que même chez l'adulte jeune, cette réalité de l'être se construit, jour après jour, dans la rencontre avec autrui et aussi dans le contrôle des objets. La primauté accordée à la parole peut alors sembler suspecte lorsqu'il est recommandé de parler au sujet handicapé sans songer à le rendre actif. Cela est particulièrement visible dans la relation avec les grabataires.

En indiquant que la référence au corps est inévitable, ne serait-ce que pour concevoir les phénomènes mentaux, A.R. Damasio[10] permet de retrouver ce que nous avons particulièrement souligné dans le développement des pathologies induites. Il reste à examiner quels présupposés ont rendu possibles ces actes contraires à l'éthique.

En premier lieu, il faut souligner les erreurs de R. Descartes. Outre celle d'avoir négligé le rôle de la passion dans les fondements de la raison, il faut relever celles :

— « d'avoir poussé les biologistes à adopter, et ceci est encore vrai à notre époque, les modèles d'horlogerie comme modèles explicatifs pour les processus biologiques »[11] ;
— d'avoir affirmé que la pensée n'a besoin d'aucun lieu, ni d'aucune base matérielle pour exister ;
— d'avoir affirmé la séparation complète de la pensée et du corps. Le corps, non-pensant, n'étant rien de plus qu'une étendue.

Nous sommes entièrement d'accord avec la biologie lorsqu'elle soutient, au contraire, que le fait d'exister précède celui de penser[12].

---

9. K. Popper, *op. cit.*
10. A.R. Damasio, *L'erreur de Descartes*, O. Jacob, 1994.
11. *Ibid.*
12. Ces notions ont été défendues, depuis longtemps, par la phénoménologie de Merleau-Ponty et par le courant existentialiste.

En second lieu, dans cette optique reliant la philosophie à la biologie, A.R. Damasio précise que « les systèmes neuraux de base n'ont pas besoin de mettre en œuvre le langage. Le "méta-moi" est une construction purement non-verbale ».

L'unité entre cette composante première de notre personnalité et la vie de relation nous semble importante. L'intérêt s'y est manifesté, au fil des pages, en orientant l'attention du lecteur vers les processus d'apprentissage, vers les formes diversifiées de relations. Ces orientations visent la prise en compte de la dimension humaine et le dépassement de l'organicisme. Dans celui-ci, le corps de l'adulte âgé est passif et considéré en tant qu'objet d'examens et d'actes techniques. Cet ordre est particulièrement dangereux pour les personnes fragiles, celles qui risquent de ne plus pouvoir confirmer l'unité de leur personnalité.

Dans le cadre d'une démarche éthique, concernant les sujets handicapés ayant perdu le sens de leurs gestes, les applications devront tenir compte d'un élément supplémentaire[13] accordant le biologique aux sciences humaines.

J. Ruesch[14] nous apporte la forme d'aide permettant de retrouver les liaisons entre le geste et les significations qu'il crée, pour que le soignant, l'éducateur *ne s'enferment pas dans un monologue dont les modalités sont techniques.* Selon lui, les sujets atteints de psychonévrose tendent à forcer les autres à jouer des rôles qu'ils ne sont pas disposés à accepter. Il en résulte que lorsque la relation est établie sur ces bases, celui qui est dépendant subit la loi du plus fort.

Dans ce cas, l'ordre ne favorise pas une amélioration des conduites du sujet. Il les sclérose au contraire dans des choix qui sont ceux de l'entourage. La rupture du dialogue s'opère alors en même temps que l'esprit d'égalité s'estompe dans la relation. Il est ainsi possible de survivre dans une sorte de délégation permanente où celui qui est censé savoir dicte les règles des conduites autorisées. Il reproduit ainsi un système parental rigide. En gériatrie, ce système présente un aspect particulier par l'inversion des rôles habituels qui s'y produit, les plus jeunes dirigeant alors les aînés.

En conséquence, modifier le système d'habitudes de l'entourage est nécessaire si l'on ne veut pas qu'un ordre incompréhensible s'impose à l'autre. Cette modification doit prendre en compte la personnalité du sujet, même dans des détails : si ce-

---

13. s'inspirant concrètement d'une démarche interdisciplinaire.
14. J. Ruesch, *Communication et société*, Le Seuil, 1988.

lui-ci aime toucher, entrer en contact avec les mains, il devient nécessaire de partir de cette réalité sensible, même si ces manières d'être innovantes sont contraires aux notions de distances sociales propres à nos usages[15].

Le dialogue avec les sujets handicapés doit tenir compte de la dissymétrie fondamentale de la relation. L'univers destructuré auquel ils sont astreints doit être source d'une communication des consciences dans laquelle le corps est l'élément de base du dialogue. Le corps doit y être accessible par la propre perception du sujet mais aussi par les différents niveaux de connaissance de l'entourage, afin d'être source d'un monde intelligible. Chez l'adulte indemne de tout handicap, l'illusion de la maîtrise pourrait laisser croire « que tout cela est bien facile ». Cette illusion consiste à confondre niveau de contrôle automatique et maîtrise du réel. Cette dernière relève d'une conquête dans le domaine social, qui peut être réversible lorsque des ruptures ou des chocs émotionnels modifient la maîtrise qu'on croyait avoir établie de façon définitive[16].

La réappropriation du corps et des objets qui l'entourent est la première étape pour que la conscience existe comme conscience de quelque chose. Ainsi, la constitution d'un monde intelligible exige que des résultats ajustés apparaissent en accord avec les buts poursuivis. Trouver les solutions qui mènent à ces résultats constitue une des formes du dialogue avec autrui. Elles tendent à être oubliées dans les formes de conscience abstraites.

Les solutions trouvées sont à la source de transformations dont le sujet est facteur causal. Illustrés par la notion de causalité circulaire, entre le mouvement et ses conséquences sur d'autres mouvements, ces résultats amènent le sujet à s'y attarder, heureux des satisfactions obtenues et de ses nouveaux contrôles sur le monde. Ces éléments n'ont pas d'attrait seulement pour l'autre. Ils constituent en même temps un enrichissement personnel qui modifie la manière d'appréhender les sté-

---

15. Le contact sensible doit être un éveil à la vie relationnelle sous l'angle praxique, en particulier lorsque l'aidant craint que les relations ne deviennent trop ambiguës et versent dans la sexualité.

16. Nous reviendrons sur l'exemple de la perte de contrôle des sphincters comme illustration de la fragilité humaine. Il suffit, soit que la dimension sociale s'estompe, en situation d'incompréhension ; soit que le contrôle passe par une modalité extérieure, la couche, pour que l'être perde des capacités de contrôle qui lui semblaient évidentes (voir p. 24).

réotypes culturels, en particulier ceux du vieillissement. Alors l'Autre et le Même s'acceptent au sein d'une altérité.

Les tolérances

Montrer sa divergence est une manière d'exister. Elle semble rompre l'harmonie évoquée dans les pages précédentes, sauf si certaines formes d'écoute, plus tolérantes, acceptent l'expression d'une opposition. Cette dernière, lorsqu'elle est la seule dimension qui reste à la personne pour s'exprimer à travers les cris et les coups, doit être examinée, avec R. Polin[17], eu égard aux différentes formes de tolérance. Mais cette notion a-t-elle toujours existé ?

Tant que « l'harmonie universelle », la révélation de l'absolu, le savoir « vrai » dominaient, le droit de penser le vrai ou le faux n'avait pas de sens. La tolérance n'en n'avait pas davantage. Le problème du dogmatisme peut ainsi être *repensé comme négation de la tolérance*.

J.J. Rousseau, en définissant la liberté comme capacité de perfectibilité, c'est-à-dire devenir autre que ce qu'on est, a élaboré une philosophie qui, au lieu d'être une révélation de l'absolu, est devenue l'élaboration d'un ordre intelligible.

La tolérance est ainsi nécessaire parce qu'elle souligne qu'on ne détient pas la vérité et qu'on ne se réfère pas à une connaissance préalablement définie. Cette tolérance est d'autant plus nécessaire que l'ordre imposé est arbitraire. Elle est la reconnaissance de l'altérité radicale et irréductible d'autrui.

Cependant, cette reconnaissance ne reste que factuelle lorsque la tolérance n'existe que par défaut, parce qu'on ne peut prouver le tort de l'autre ou qu'on ne peut lui prouver et lui faire admettre nos propres raisons. Elle peut même alors s'illustrer sous la forme d'une autorisation formelle de penser : « Vous pouvez penser ce que vous voulez », suivie d'une ordre impératif dans les pratiques : « Maintenant il faut faire cela ». La tolérance ne reste alors que l'acceptation intellectuelle de la différence de pensée de l'autre qui doit, néanmoins, se plier à l'ordre absolu défini par l'entourage. Le paradoxe de Tocqueville illustre une version extrême de cette situation : « Vous êtes libre de ne point penser comme moi ; mais, de ce jour, vous êtes étranger parmi nous [...] je vous laisse la vie, mais je vous la laisse pire que la mort »[18].

---

17. R. Polin, *La liberté de notre temps*, Vrin, 1977.
18. Tocqueville, cité par R. Polin, *ibid.*

Dans la mesure où l'on tolère ce qu'on ne peut, pratiquement, interdire, la tolérance apparaît aussi sous un autre jour.
La tolérance au manquement, à la bonne règle, conduit l'homme
« tolérant » à se sentir plein d'une généreuse indulgence. Il vit
alors sur le mode du pardon. La tolérance institue, sous cette
forme, un statut d'inégalité. Elle confère « au toléré » une ci-
toyenneté limitée, de second rang, partielle. La forme de tolérance sur le mode du pardon doit être dépassée. Consécutive à
l'inégalité de fait, à la dissymétrie que nous avons notée dans la
relation, elle montre en fait l'impuissance à comprendre l'autre
autrement que sur un mode passif et donc à l'aider à sortir de
son état de dépendance. Sous cette forme, la tolérance cautionne
l'installation dans la pathologie.

Un troisième sens doit être distingué dans lequel la notion
de tolérance concerne la pratique d'une interprétation « souple »
de la loi. Cette conception mériterait d'être étendue. Ne risque-
t-elle pas, cependant, de se limiter aux marges de la loi, à ses
aspects secondaires ?

Cette interprétation souple ouvre la voie à un quatrième
sens, celui où le législateur ne peut faire appliquer la loi. La
tolérance correspond alors à une défaite de l'autorité. Généralement, cette défaite est perçue négativement. Nous noterons,
cependant, que lorsqu'elle correspond à une ouverture, à un certain indéterminisme, elle *paraîtra favorable à une transformation de la loi institutionnelle sur le mode des lois de l'être humain.*

Le problème de la tolérance a longtemps concerné exclusi-
vement les convictions religieuses. Dans notre époque matéria-
liste, ne reste-t-elle pas encore une affaire de convictions ? En
effet, elle ne semble pas s'être écartée de ce type de problème
lorsque des dogmes définis par une certaine science, structurent
les relations au quotidien en enlevant au sujet le droit à se développer.

La tolérance, dont le troisième sens, a été situé comme limité aux marges de la loi, ne s'adresse-t-elle pas à une population également à la limite, marginale ? Question que justifie
l'absence de visite des familles et l'isolement spatial des institutions, souvent hors des agglomérations. En outre, sous l'angle
de la valeur marchande, le sujet handicapé, âgé de surcroît, ne
représente que l'objet qui fait fonctionner le système. N'est-il
pas alors doublement marginal lorsqu'il est soumis à des ordres
aliénants ?

La marginalisation de cette population se manifeste également parce qu'elle n'est pas congruente avec les impératifs de productivité de la société. Les applications du taylorisme l'accentuent en privilégiant la notion de rendement. L'entourage soignant craint également la marginalisation. Cette crainte apparaît dans sa difficulté à critiquer « le système » et à offrir des libertés qui n'ont jamais été accordées historiquement dans le cadre des institutions. Cette crainte semble alors opposée à la création de valeurs nouvelles où des droits réels protégeraient contre la violence et rendraient l'amour possible.

Ces valeurs nouvelles, en distinguant les causes des conséquences, doivent sortir les sujets handicapés des systèmes mécaniques de causalité et accroître la tolérance. Les connaissances modernes sur le vieillissement nous y aideront. Elles tendent à modérer les discours « catastrophistes ». La notion de crise existentielle, commentée par ailleurs[19], nous avait déjà permis de souligner que ce sont certaines circonstances de la vie qui destructurent la personnalité et grèvent les aptitudes des personnes.

Quant à la préservation des pertes de capacités dans le vieillissement, A.T. Welford[20] s'exprime avec une grande prudence pour différencier ce qui procède de l'organisme et ce qui revient aux conditions d'existence.

D'autres auteurs relèvent que si l'on s'en tient aux données purement mécaniques, de nombreux sujets âgés ne devraient même pas pouvoir tenir debout ! S'ils ne trébuchent que dans certaines circonstances, ce sont donc ces circonstances qui doivent être examinées et pas seulement « l'état » du sujet. Selon R. Katzmann, même en état de DSTA, la préservation des neurones pyramidaux — c'est-à-dire de ceux qui ont une fonction motrice, en opposition aux neurones granulaires dont la fonction est plus perceptive — permet celle des activités mentales restantes.

La tolérance passive n'est plus de mise. Il est au contraire nécessaire que les formes de tolérance favorisent une reconquête de l'autonomie. Celle-ci est synonyme d'ordre personnel.

---

19. Voir M. Personne, *Le corps du malade âgé*, Privat, 1994.
20. A.T. Welford, cité par A.M. Ferrandez, « Le vieillissement non pathologique », *dans : Psychologie de la personne âgée*, sous la dir. de J. Montangero, PUF, 1993.

Conclusion

Dans l'examen du problème de la désorientation, les désorientations spatiales ou temporelles emportent l'attention. La désorientation sociale dépendant davantage des formes d'ordre imposées aux sujets handicapés est plus discrète. Ses modes de constitution découlent de l'influence de différents facteurs. L'autosatisfaction de la machine bien huilée, la pure réjouissance de l'esprit par la mise en place de certaines formes d'ordres induisent des conséquences imprévues. Elles développent des attitudes irrationnelles chez ceux qui doivent faire exécuter ces ordres.

La désorientation sociale touche donc non seulement le sujet handicapé mais aussi son entourage. Pour ce dernier, le trouble peut concerner les données affectives de la relation, la haine et l'angoisse en sont les premières conséquences. Le fonctionnement même des mécanismes logiques peut être troublé. La routine, pour sa part, doit être vue comme une conséquence à la fois des troubles affectifs et des troubles cognitifs.

Le système taylorien n'est que la partie la plus visible de cet édifice perturbateur. D'autres éléments sont aussi pernicieux. L'accentuation des ruptures entre le sujet handicapé et son milieu résulte d'une absence de conscience de l'origine des troubles. Ceux-ci sont trop vite attribués au sujet alors que certains symptômes sont dus à de mauvaises relations dont il n'est pas le premier responsable.

La méconnaissance des effets de l'action propre, des motifs qui influencent les conduites, de la dimension affective rendent difficile l'accès à une rationalité subjective, ouverte à la fois :

— aux particularités de chacun ;
— aux points de vue de l'autre ;
— à la mise en ordre des relations pour la constitution d'un monde intelligible.

A l'opposé, la rationalité subjective débouche sur l'accompagnement à la vie. Cette forme d'accompagnement doit éviter un certain nombre de dysfonctionnements dont nous rappellerons les modes d'apparition.

La disparition de l'activité consciente est liée à un monde incompréhensible dont les formes d'ordre ne peuvent être à l'origine ni de connaissances ni d'actions intentionnelles. L'absence d'une dimension corporelle intériorisée constitue un handicap supplémentaire.

Ces disparitions et absences résultent de visions parcellaires dans lesquelles le sujet ne peut créer son ordre propre. Il est trop souvent considéré comme un automate ou une mécanique devant répondre à des stimulations et non comme un être dont le dynamisme, s'il a permis d'atteindre un âge avancé, doit être entretenu.

La confusion des données métaboliques internes avec la vie de relation contribue, en outre, à laisser le sujet dans un état de repos constant où toutes les incertitudes ont disparu. La répétition de telles situations conduit à ce qu'il perde ses pouvoirs de décision et d'action. Il devient alors de plus en plus handicapé.

Lorsque des règles trop coercitives ne permettent pas au sujet de s'autocorriger, la conscience, en tant que mode de responsabilité, ne peut émerger de ce milieu trop rigide où les actions commandées par l'entourage l'emportent trop souvent sur celles qui sont à l'initiative du sujet.

Il paraît préférable, pour le bien de tous, de transférer les pouvoirs superflus de l'institution vers le sujet. Comment savoir ce qui est superflu ? Adopter son point de vue sur le monde social suffit pour poser le problème de la qualité de la vie et des valeurs mises en jeu. De ce point de vue, les références aux seuls aspects techniques, aux plans d'organisation et aux besoins organiques de l'individu conduisent, dans une optique pragmatique, à ne considérer que des objectifs et non des valeurs. L'abstraction extrême ira même jusqu'à poser les finalités et les objectifs indépendamment du sujet en tant qu'être de chair. Les considérations théoriques et techniques, intéressées à la maintenance de l'institution en l'état, détournent l'attention des moyens à mettre en œuvre alors que ceux-ci devraient pourtant en constituer la finalité première.

L'ensemble des dispositions impératives transformant la connaissance en savoir absolu méconnaissent les formes particulières d'acquisition de ce savoir. Des difficultés de communication entre les différents niveaux hiérarchiques résultent de ces mises en ordre du réel où une catégorie professionnelle s'appuie sur son expérience pratique, tandis que l'autre se satisfait de données abstraites ou chiffrées.

Le décalage entre la théorie et l'expérience demande donc une mise en ordre préalable intégrant le sensible et le cognitif afin que le sujet devienne facteur causal. C'est le moyen le plus efficace pour lutter contre la désorientation sociale car il vise à reconstituer les différents aspects de son identité.

Bibliographie

ALTER, N. 1990. *La gestion du désordre en entreprise*, L'Harmattan.

APEL, K.O. 1987. *L'éthique à l'âge de la science*, PU Lille.

AUBERT, N. ; PAGES, J. 1989. *Le stress professionnel*, Klincksieck.

BATESON, G. 1988. *Communication et société*. Le Seuil.

BEAULIEU, M. 1992. « Les abus en institution : réflexion sur les soins apportés aux aînés », *Revue internationale d'action communautaire*, n° 28.

BERGSON, H. 1993. *La pensée et le mouvant*, PUF.

BERGSON, H. 1961. *Les deux sources de la morale et de la religion*. PUF.

BLANCHE, R. 1973. *Le raisonnement*, PUF

BOSC, Y. 1987. « Le médecin généraliste face au malade âgé », *Prévenir*, n° 15.

BOUDON, R. 1990. *L'art de se persuader des idées fausses*, Fayard.

BOUVIER. 1989. « Le travail au quotidien », *Sociologie d'aujourd'hui*.

CAMILLERI, C. 1990. « Identité et gestion de la disparité culturelle : essai d'une typologie », in *Stratégies identitaires*, PUF.

CHAMPCUEIL (Collectif). 1992-1993. *Gérontologie*, n° 83.

CHAPPUIS, R. 1994. *Les relations humaines*, Vigot.

CHAPPUIS, R. 1995. *Statuts et rôles*, PUF.

DAMASIO, A.R. 1994. *L'erreur de Descartes*, O. Jacob

DEJOURS, C. 1995. « Comment formuler une problématique de la santé en ergonomie et en médecine du travail », *Le travail humain*, t. 58, pp. 1-16.

DEROUESNE, Ch. 1994. « Mémoire et vieillissement », in *La recherche*, août.

DESCAMPS, A. 1986. *L'aventure du corps*, PUF.

DESCAMPS, A. 1988. *Le langage du corps et la communication corporelle*, PUF.

DESPLAND, M. 1987. *Christianisme, dossier corps*, Cerf.

DEVEREUX, G. 1970. *Essai d'ethno-psychiatrie générale*, Gallimard.

DUBOIS, D. ; PRADE, H. 1991. « Les logiques du flou et du très possible », in *La recherche*, novembre.

ENRIQUEZ, E. 1977. « Rapport au travail et pratiques psychosociologiques », *Connexions*, n° 24, EPI.

FINK, E. 1974. *De la phénoménologie*, Minuit.

FOUCAULT, M. 1966. « Message ou bruit », *Concours médical*, 22 octobre.

FROMM, E. 1947. *L'homme pour lui-même*, ESF.

GOLDSTEIN, K. 1951. *La structure de l'organisme*, Gallimard.

GUILLEMARD, A.M. 1993. « Emploi, protection sociale et cycles de vie : résultat d'une comparaison internationale de sortie anticipée d'activité », *Sociologie du travail*, XXXVI, Dunod.

HABERMAS, J. 1992. *De l'éthique à la discussion*, CERF.

HIRSH, M. 1994. *Les enjeux de la protection sociale*, Montchrestien.

HUGONOT, R. 1988. « Vieillesse, agressivité et violence », rapport scientifique, n° 12-14, Lausanne, octobre.

HUGONOT, R. 1990. *Violences contre les vieux*, Érès.

HUISMAN, B. ; RIBES, F. 1992. *Les philosophes et le corps*, Dunod.

KAËS, R. 1986. « Chaîne associative groupale et subjectivité », *Connexions*, n° 47, « Intersubjectivité », Epi

KAËS, R. 1988. *L'institution et les institutions*, Dunod.

KALISH, B.A. 1977. *The psycholy of human behavior*, Wadsworth Publishing Company.

KASTERSZTEIN, J. 1990. « Les stratégies identitaires des acteurs sociaux : approche dynamique des finalités », dans : *Stratégies identitaires*, PUF.

LAVELLE, L. 1939. *L'erreur de Narcisse*, Grasset.

LE BOULCH, J. 1995. *Mouvement et développement de la personne*, Vigot.

LEPLAT, J. 1980. *Psychologie ergonomique*, PUF.

LEROY GOURHAN, A. 1979. *Le geste et la parole*, Fayard.

LÉVINAS, E. 1971. *Totalité et infini*, Le livre de poche.

LÉVINAS, E. 1974. *Autrement qu'être ou au-delà de l'essence*, Nijhoff.

LÉVINAS, E. 1988. *Difficile liberté*, Le livre de poche.

LÉVINAS, E. 1991. *Entre nous*, Le livre de poche.

LIPOVETSKY, E.M. 1990. « Identité subjective et interaction », dans : *Stratégies identitaires*, PUF.

MALEWSKA-PEYRE, H. 1990. « Le processus de dévalorisation de l'identité et les stratégies identitaires », dans : *Stratégies identitaires*, PUF.

MARCHAND, O. ; THELOT, C. 1991. *Deux siècles de travail en France*, INSEE.

MARTIN, P. 1990. *Pathologies des institutions*, Érès.

MARTIN, J.P. 1993. « La violence en long séjour, obstacle au projet de vie », *Collectif soins*, n° 9.

MAS, R. 1992. *Le corps*, Bréal.

MASLOW, A.H. 1968. *Toward a psychology of being*, Rheinhold.

MERLEAU-PONTY, M. 1972. *La structure du comportement*, PUF.

MONTANGERO, J. 1993. Psychologie de la personne âgée, PUF.

MORIN, P. 1994. *La grande mutation du travail et de l'emploi*, Les éditions d'organisation.

MOTTEZ, B. 1971. *La sociologie industrielle*, PUF.

NIETZSCHE, F. 1971. *Ainsi parlait Zarathoustra*, Gallimard.

NUTTIN, J. 1991. *Théorie de la motivation humaine*, PUF.

OLERON, P. 1995. *Le raisonnement*, PUF.

PERSONNE, M. 1991. *Soigner les personnes âgées à l'hôpital*, Privat.

PERSONNE, M. 1994. *Le corps du malade âgé*, Privat.

POINDRON, P.Y. 1989. *Revue espace social européen*, 17, novembre.

POPPER, K. 1982. *La connaissance objective*, Ed. de Bruxelles.

RESWEBER, J.P. 1992. *La philosophie des valeurs*, PUF.

ROUSSILLON, R. 1988. *L'institution et les institutions*, Dunod.

ROY (DU) O. 1970. *La réciprocité*, EPI.

RUSS, J. 1994. *La pensée éthique contemporaine*, PUF.

SELKOE, D. 1992. « Mémoire et vieillissement », *Pour la science*, novembre.

SIMMEL, G. 1981. *Sociologie et épistémologie*, PUF.

SIMMEL, G. 1984. *Les problèmes de la philosophie de l'histoire*, PUF.

SIMMEL, G. 1988. *La philosophie de l'argent*, PUF.

SCHAIE, K.W. 1989. « Le vieillissement s'accompagne-t-il nécessairement d'une baisse des fonctions cognitives ? », *Alzheimer actualités*, n° 39.

SIMEONE, I. 1987. *Travail d'habilitation*, Université de Genève.

SMELSER, N.J. 1994. « Les théories sociologiques », *Revue internationale des sciences sociales*, n° 139, UNESCO/Erès.

THINES, G. 1991. *Existence et subjectivité*, Ed. de Bruxelles.

TIXIER, P.E. 1989. « Le syndicalisme affronté aux modèles post rationnels », dans : *Participation et changement social dans l'entreprise*, XXX.

TOABADA-LEONETTI, I. 1990. « Stratégies identitaires et minorité », dans : *Stratégies identitaires*, PUF.

TOUSIGNANT, 1992. *Les origines des troubles psychologiques*, PUF.

VACQUIN, M. 1994. *La responsabilité*, Autrement.

VIVET, P. 1993. « La violence en long séjour, obstacle au projet de vie », *Collectif soins*, n° 9, janvier.

WEBER, M. 1969. *Le savant et la politique*, Plon.

WOODWARD, J. 1986. « Compte rendu de la compétence européenne de l'OCDE, sur les implications pour la main d'œuvre de l'automation et du changement technique », *Revue française du travail,* avril-juin.

Table des matières

Troisième partie
Ordres et relations

Achevé d'imprimer par

PARA
GRAPHIC

31240 L'UNION (Toulouse)
Tél. (16) 61.37.64.70
Dépôt légal : Mars 1996

Achevé d'imprimer par

**PARAL J
GRAPHIC**

Tél. (1) 43 24 26 10

Paris — Mars 1996